10권을 읽고
1000권의 효과를 얻는
책읽기기술

10권을 읽고
1,000권의 효과를 얻는
책 읽기 기술

1판 1쇄 발행 2017년 4월 21일
1판 3쇄 발행 2022년 9월 5일

지은이 이정훈
펴낸곳 도서출판 비엠케이

편집 김나정
디자인 아르떼203
인쇄 (주)재원프린팅

출판등록 2006년 5월 29일(제313-2006-000117호)
주소 121-841 서울시 마포구 성미산로10길 12 화이트빌 101
전화 (02) 323-4894 **팩스** (070) 4157-4893
이메일 arteahn@naver.com

값은 뒤표지에 있습니다.
ISBN 979-11-955415-5-3 03320

10권을 읽고
1000권의 효과를 얻는
책 읽기 기술

책과 강연 _ 이정훈 지음

Book
magazineRepublishing

사람들은 '가짜 같은 진짜'와 '진짜 같은 가짜' 중 어느 쪽을 더 믿을까?

사실 어느 쪽이든 '그렇다'고 인식한 순간 답은 정해진 것이나 다름없다. 가령 어떤 대상을 가짜라고 인식했다면 그 순간부터 그것이 진짜인지의 진실 여부는 중요하지 않다. 반대의 경우도 마찬가지다. 일단 그렇다고 믿어버리면 자신의 안목과 결정을 주위로부터 부정당하지 않으려 한다. 사람은 믿고 싶은 것을 믿는다.

우리가 사는 세상에서 일어나는 가짜 같은 진짜 이야기는 대개 놀랍거나 훈훈한 뉴스거리들이 많다. 생고기만 먹는 남자의 경악할 만한 식습관이나, 독거노인이 폐지를 팔아 평생 모은 돈을 기부하는 이야기들이 그렇다. 가짜 같은 진짜 이야기는 대개 과거에 일어난 일이거나, 현재진행 중인 사실 안에서 존재한다. 이와는 반대로 진짜 같은 가짜 이야기는 현재와 동떨어진 미래에 머문다. 그리고 그 이야기들의 중심에는 환상과 욕망이 자리한다. 예컨대 불건전한 다단계 사업을 권유할 때 꿈의 제안자는 근사한 저택, 고급 시계와 차를 과시하며 금세 이룰 수 있을 것처럼 열악한 자의 삶을 뱀처럼 파고든다. 이 방법은 욕망을 자극하는 데 매우 효과적이며 책임을 회피하기도 쉽다. 실패하면 당사자의 노력과 실행력을 탓해버리면 그만이니까. 인간의 욕망은 '진짜와 같은 가짜'를 설계한 사람에게 '돈'이 된다. 욕망은 이성적 사고의 눈을 가리고 아득한 시간 너머의 환상이 현실에서 곧 이루어질 것만 같은 착각이 들게 한다. 사람들은 매혹적인 환상에 기꺼이 돈을 쓴다. 사회가 불안할수록 욕망을 부추기기도 쉽다.

　　그렇다면 과연 이 책에 담긴 이야기는 진짜일까, 가짜일까? 그것은 앞서 얘기했던 것처럼 어디까지나 여러분 각자의 판단에 달렸다. 책은 저자가 쓰지만 완성은 독자의 몫이니까. 여러분들이 이 책을 읽고 나서 '10권을 읽고 1,000권의 효과를 얻는 책 읽기 기술'이라는 주장이 과연 진짜인지 가짜인지 면밀히 따져봐주길 바란다. 이 책에서는 특별한 독서법만을 기술하지 않는다. '적게 읽기'라는 '읽기'의 본질적인 부분을 여러 각도로 조망하는 한편, 필자가 운영 중인 모임 '책과 강연'에서 참가자들과 나눈 이야기들을 재구성하여 독서에 대한 대중의 인식과 고민을 그릴 수 있도록 했다.

고전이 인생을 바꾼다!, 사표 내고 책을 써라!, 책 쓰기 3개월만 미쳐라!, 직장인 책 쓰기로 부자 되는 법, 1년 1,000권 독서법, 1일 1독, 1시간 1권 독서법……

무조건 많이 읽고, 책을 쓰면 정말 누구나 성공할 수 있을까? 과거 나 역시도 이런 문장들에 쉽게 뜨거워지고는 했다. 2년 전, 책을 쓰라는 한 문장에 매료되어 준비도 없이 사표를 던져버리는 사람을 보기도 했고, 고전이 인생을 바꾼다는 말에 오로지 책 읽기에만 몰두하는 직장인도 여럿 알고 있으며, 다 읽지도 못할 책을 무작정 사재기만 하는 불안한 청년들도 주위에 차고 넘친다.

지난 한 해 동안 나는 이런 분들과 꾸준히 만나서 이야기를 나눠왔다. 쓰기와 읽기에 집착하는 그들의 내면은 어딘가 불안정해 보였다. 일 년에 고작 며칠, 기껏 얻은 소중한 휴가를 보내러 가면서 바리바리 책을 싸는 모습이 근사하기는커녕 억지스럽고 애처로워 보였다. 그러나 그 전에 읽지도 않을 책을 꾸역꾸역 챙기는 사람들 속에, 과연 나는 없었는지 생각해볼 일이다. 사실 직업적으로 책을 읽고 써야만 하는 지식인을 제외하고 다독을 생활화할 수 있는 사람이 과연 몇이나 될까? 동트기 전에 일어나 집을 나서고 저녁때를 한참 넘겨 퇴근하는 사람들, 역류성식도염에 위장약을 달고 살고 휴대폰 액정에 갇혀 실시간 지시받는 사람들. 그들에게 필요한 것은 피로를 더하는 독서가 아니라 두 발 뻗고 드러눕는 '쉼' 아닐까?

평대 위의 베스트셀러는 팔릴 때 잠깐 주목받을 뿐, 집으로 모셔진 책을 사람들은 잘 읽지 않는다. 그것은 개인의 성실성의 문제라기보다 책의 목적이 읽기가 아니라 사는 것에 맞춰져 있기 때문일지도 모른다. 읽어야 한다는 불안감이 읽지도 않을 책을 사게 만드는 것이다.

어느 순간부터 나는 책을 적게 읽기 시작했다. 고민 끝에 책장에 꽂혀 있던 책들을 버렸고, 책을 읽는 시간도 버렸다. 그렇게 해서 비워진 공간에 화분을 넣고, 어항을 들이고 아이들과의 시간을 채웠다. 최근 4년간 그렇게 몸에 힘을 빼고 읽기를 즐겼다. 과연 책을 적게 읽는다고 해서 지식이 결핍될까? 인간적인 성숙을 이루지 못할까? 결과는 정반대였다. 사색의 여유 덕분에 책 자체를 즐기게 되었고, 그러다 보니 자연스럽게 글을 쓰게 되었다. 이 모든 과정을 몸소 겪는 동안 억지로 행한 것은 하나도 없었다. 지금 나는 행복하다. 적게 읽고도 사람은 얼마든지 깊어질 수 있다. 다독(多讀)하는 삶이 인간의 성숙과 반드시 직결되는 것은 아니었다. 그렇기에 이 책이 그저 단순한 실용서로 읽힐 것이 아니라 읽기에 대한 생각을 묻는 아주 가벼운 철학서로서 여러분과 함께하기를 희망한다.

책과 강연 _ 이정훈

독서습관 자가진단

나의 독서 방법에는 어떤 문제가 있는지 체크해보세요.

7개 이상 해당한다면 지금의 독서습관에 개선이 필요한 시점입니다.

❶ 어떤 책을 읽어야 할지 모르겠다. □

❷ 책을 읽어도 무슨 내용인지 잘 모르겠다. □

❸ 책을 읽고는 싶은데 막상 읽으려면 왠지 부담스럽다. □

❹ 읽고 싶은 책보다 신간 서적이나 베스트셀러 위주로 읽는다. □

❺ 끝까지 읽은 책보다 다 못 읽은 책이 더 많다. □

❻ 책장에 안 읽은 책이 가득하지만 서점에 가면 또 책을 산다. □

❼ 한 번 읽은 책은 다시 읽지 않는다. □

❽ 책을 읽어도 즐겁거나 삶이 풍요로워지는 기분이 들지 않는다. □

❾ 책은 빨리, 많이 읽어야 한다는 조급함이 있다. □

❿ 책을 읽으면서도 호기심이나 질문이 생기지 않는다. □

1장

당신의
독서습관에
안녕을 묻다

"책은 즐거운 것이어야 한다"

욕망의 책 쇼핑, 불안의 면죄부가 되다?

2015년 11월 4일

　밤은 빛을 가두지만 텅 빈 도시의 새벽은 소리를 지운다. 새벽 5시면 자리를 털고 일어나 쪽방에 자리한 작은 상 앞에 앉는다. 3년 전 글을 쓰기 시작하면서 시작된 습관이다. 평소 한두 시간 자판 앞에 앉아 두서없이 글을 쓰거나 책을 읽다가 출근을 한다. 물이 중력에 이끌려 휩쓸리듯 아래로 흐르는 것처럼, 어느새 글을 쓰는 것은 자연스럽게 흘러가는 시간 속의 일부가 되었다. 긴 밤, 텁텁해진 입안으로 뜨거운 찻물을 흘리면 입안 가득 금세 차향이 퍼지면서 식도와 위를 따뜻하게 한다. 검푸른 새벽과 뜨거운 차는 참 잘 어울린다.

　지난밤 블로그에 올린 글을 수정하기 위해 노트북을

켰다. 마무리를 짓지 못하고 쓰다 만 상태여서 출근 전에 정리할 생각이었다. 평소와 다름없이 평온한 마음으로 블로그에 접속했는데, 방문자 수가 실시간 늘고 있었다. '10권을 읽고 1,000권의 효과를 보는 책 읽기 기술'이라는 제목의 짧은 글 때문이었다. 이 글에 대한 반응은 가히 폭발적이었다. 하루 동안 2만 5천 명이 방문했고, 이틀 만에 1만 5천 명이 공유했다. 1분에 100명씩 늘어나는 광경을 지켜보면서 내 눈을 의심했다. 글에 대한 폭발적인 관심은 한동안 계속되었다.

이것이 내가 독서법에 관한 책을 쓰게 된 계기가 되었다. 평범하다 생각했던 나만의 독서법이 대중들의 열렬한 지지를 얻었다는 데서 무척이나 흥분되었다. 짧고 어려울 것 없는 내용의 글이었지만, 무수히 달린 댓글에서 꼭 실천해보고 싶다는 사람들의 의지가 강하게 느껴졌다.

그중 많은 사람들이 공통적으로 얘기했던 내용은 이런 것들이었다.

"글을 읽고 책을 사려다가 참았어요."

"생각해보니 저 역시 책을 쇼핑하듯 사고 있더군요."

"반성하게 됩니다."

"독서의 기본을 잊고 있었네요."

그 짧은 글 속에 사람들로 하여금 기존에 행해오던 독서 방식을 돌아보게 만드는 요소가 있었던 모양이다. '10권을 읽고 1,000권의 효과를 보는 책 읽기 기술'에서 가장 먼저 언급한 내용은 '절대 책 사지 마라'였다.

독서를 하기 전에 '왜 책을 읽는가'에 대한 성찰이 먼저 필요하다고 생각한다. 다독(多讀)을 하고 열독(熱讀)을 하기 전에 당신이 책을 읽는 본질적 이유에 대한 답을 구하는 것이 먼저다. 내가 생각하는 책의 본질은 '낯섦'이다. 지금껏 일면식 없던 저자의 세계 속으로 불쑥 방문하는 것이다. 제3자의 동행을 허용치 않으며, 홀로 그 세계를 여행하는 낯선 여행자가 되는 것이다. 저자의 언어로 만들어진 낯선 세상을 여행하는 가운데, 글에 반응하는 나의 상태를 예민하게 관찰하는 여정이다. 독서의 동기가 단순한 필요에 있을 수도 있고, 그저 즐기기 위함일 수도 있지만 독서는 낯선 여행 그 자체로도 의미가 있다.

서점에 가면 넓디넓은 공간을 빽빽하게 메운 책들에 시각적으로 압도당하게 되는데, 종종 구경만 하다 빈손으로 나오는 경우가 있다. 처음부터 원하는 책을 염두에 두고 가지 않으면 시선이 닿는 책마다 욕심이 생기고, 이것저것 휘젓듯 넘겨보다 결국 뒤숭숭한 마음으로 서점을 빠져나

오게 된다. 읽어야 할 것 같은 책은 많은데 한 사람이 읽어
낼 수 있는 물리적인 시간이 너무 적은 탓이다. 계산대에
줄을 서다 보면 묵직하게 느껴질 만큼의 책을 가슴에 안고
선 사람을 볼 때가 있는데, 그때마다 그 많은 책을 어떻게
읽어나갈지 궁금해진다. 직업적 독서가가 아닌 이상 한눈
에 봐도 일반인이 읽어내기 쉽지 않은 분량임은 분명했다.
그래서 한번은 용기를 내어 물어본 적이 있다.

　"책을 좋아하시나 봅니다."

　"네, 좋아도 하지만 이러면 안 되는데 사다 보면 욕심
이 나서 무리하게 되네요."

　짐작한 대로 그는 책 쇼핑을 하고 있었다. '욕심이 나
서 자꾸 무리하게 된다'는 그의 말은 독서란 무엇인가에 대
해 다시 한번 생각하게 한다. 아마 돌아가면 책을 풀어 놓
고 무엇부터 읽을까 고민하다 한 권을 집어들 것이다. 나머
지 책들은 책장에 꽂힌 채 고스란히 임종을 맞이할지도 모
른다. 이런 소비패턴은 때가 되면 반복될 것이다. 어떤 사
람에게는 쇼핑의 목적이 단순히 '필요'가 아니라 '사는 행
위' 그 자체이듯, 이 남자에게도 책이 목적이 아닌 것처럼
보였다. 어쩌면 책이라는 구매행위를 통해 불안에 대한 일
종의 면죄부를 받으려 하는 것은 아닐까 하는 생각이 머리

를 스치고 지나갔다.

'샀으니 읽게 되겠지, 그래도 나는 읽으려고 노력은 하니까.'

계산대 앞에서 이렇게 자신을 위한 독백을 하고 있을지도 모른다. 고백하자면 이 남자의 모습은 예전의 나와 무척이나 닮았다. 그래서인지 그의 행동에 자꾸만 눈길이 갔다.

현대인의 독서습관 중 경계해야 할 것은 '책을 욕망하는 자세'라고 생각한다. 욕망의 시선은 과정보다는 성과에 초점을 맞추고 있어서 성과를 보장한다는 떠들썩한 기법이나 수단이 등장하기라도 하면 열병처럼 앞다투어 책을 찾는다. 욕망에 있어, 책은 성숙의 대상이 아니라 성과의 수단인 것이다. 주위에서 흔히 책을 경쟁적으로 읽으려 하는 사람들에게서 보이는 전형적인 패턴이다.

불황이 깊어지고 장기화될수록 비즈니스 세계에서 출판시장의 흐름을 인위적으로 조장한다는 느낌을 지울 수가 없다. 책에 전혀 관심 없는 사람은 오히려 속이 편하다. 그러나 적게나마 책을 읽는 사람들은 불안한 기분을 떨쳐낼 수가 없다. 언제부턴가 다독이 성공한 사람의 기본 자질이라 정의된 분위기 속에서 살고 있기 때문이다. 그러나 과연 그 기본을 제대로 실천하며 사는 사람이 대한민국에 몇이나 될까? 하기 싫어서 하지 않는 것이 아니라, 애써도 하기 힘든 현실임에도 숨통을 조이듯 부담을 가해오는 사회 분위기가 우려스럽기까지 하다. 얼마 전 하루에 한 권 읽으라는 책이 나오자마자 곧, 1년에 700권을 읽어내는 독서법이 등장했다. 그리고 며칠 전에는 한 시간에 한 권을 읽어 치우는 다독서가 출간되었다. 표지를 장식한 숫자들에 나는 질려버렸다. 수많은 책들을 정독해서 언제 다 읽을 것이냐는 저자들의 주장에 갑갑함을 느꼈다. 나는 저자에게 묻고 싶다. 아니, 이 글을 읽고 있는 독자들의 솔직한 마음을 듣고 싶다.

'정말 이렇게까지 책을 읽어야만 하는가?'

책을 욕망하는 태도로는 깊이 읽을 수 없고, 많이 읽더라도 무엇을 왜 읽는지에 대한 목적의식이 없다면 결국 읽어도 읽은 것이라 할 수 없다. 나 또한 몇 년 전 경쟁적으로 읽기에 몰입해가던 중, 이 사실을 깨닫게 되었다. 그 이후로 책 읽는 습관을 완전히 바꾸었다. 다독도 열독도 아닌, 소독(少讀) → 심독(心讀) → 탐독(探讀) → 숙독(熟讀)이다.

책의 본질은 읽기다. 읽기라는 인간 고유의 창의적 행위는 자발적 동기가 전제될 때 의미가 있다. 좋은 마음, 즐기는 마음으로 읽을 때, 정신의 눈은 깊어지고 예리해진다. 그러려면 절대 무리하게 읽어서는 안 된다.

바쁜 현대인들에게 다독을 강권하는 사람들의 논리에 나는 동의할 수 없다. 빽빽한 전철 틈에 끼어 출근하는 사람들의 하루는 늦은 밤, 어둑한 침대 위에서 힘없이 무너지고서야 끝이 난다. 피로한 사회……. 아침은 또 얼마나 빠른가. 이런 나와 당신에게 책은 과연 무엇이어야 하는가. 책은 위협을 가하는 도끼나 망치 같아서는 안 된다. 오히려 책은 베개여야 한다. 편안해야 하고, 마음을 누그러뜨리는 위로여야 한다. 채워가기 위한 도구가 아니라 비워가게 하는 휴식이어야 한다.

나는 책의 강박에서 벗어나기 위해서 책장 가득 쌓여 있던 대부분의 책을 버렸다. 편해지고 싶어서, 경쟁하고 싶지 않아서 우리 사회가 정해준 노선을 탈선한 셈이다. 하지만 책을 버리고 되도록 적게 읽는 생활을 시작하면서 내 삶에 말할 수 없이 큰 변화의 기쁨들이 찾아들기 시작했다. 생각하기 시작했고, 궁금해하기 시작했고, 관찰하고 탐구하기 시작했다. 여기서 한 걸음 더 나아가 글을 쓰기 시작했고, 결국 책을 내기까지 했다. 다독이 추구하는 것이 깊어짐이라면, 나의 경우 적게 읽음으로써 깊어지게 되었으니 오히려 경제적인 독서법이 아닌가 생각한다.

나는 나를 회유하고 겁박하는 다수의 시선에 휩쓸리지 않으려 노력한다. 불안을 덮어버리기 위한 책 쇼핑만으로는 잠시 잠깐의 진통 효과 그 이상을 기대할 수 없다. 가끔 나 자신에게 던지는 질문이 있다.

"조종당하고 있는가?"

이 책은 책 읽기 기술에 관한 이야기만을 다루지 않는다. 책의 곳곳에서 여러분에게 생각을 요구하는 질문을 던질 것이다. 적게 읽는다는 것은 방법이 아니라 철학이기 때문이다.

주인공이 실종된 소설 속에서 사는 사람들

책과 강연

01

참석자 – '안녕들 하십니까?' 그 대자보 한동안 이슈가 됐었지요. 불안한 시대일수록 사회는 그 책임을 '나'에게 돌린다는 말을 들었을 때 울컥했어요. 사실 저도 졸업을 앞두고 있지만 아직 취업이 결정되지 않아서 항상 불안한 마음입니다. 몇 번의 취업실패를 겪고부터는 나 자신의 무능함에 대해 스스로 질책하게 되더군요. 대기업에 입사한 동기들 소식을 들을 때마다 자신감을 잃어가는 것 같습니다. 다시 힘을 내고 싶은데 어떻게 하면 좋을까요?

정훈 – 사람들은 대개 밖으로 질문을 합니다. "무엇을 해야 할까요?", "어디를 갈까요?", "어떤 걸 고를까요?" 가끔 학생들과 장래에 관한 얘기를 나누다 보면 미래계획은 선명한데 왜 그 길을 선택했는지에 대한 자기 물음이 없어요. 마치 주인공이 실종된 소설 같습니다. 누구도 대신 살아줄 수 없는 게 우리 인생이지요. 그러니 질문의 방향은 나 자신을 향해야 합니다.

　〈트루먼 쇼〉라는 영화 속 주인공은 태어날 때부터 세트장에 갇혀 있습니다. 카메라를 통해 전 세계에 그의 일거수일투족이 실시간으로 소개됩니다. 그를 둘러싼 모든 것은 연출된 환경이지만 정작 주인공은 아무것도 모릅니다. 세트장은 너무나 거대해서 자신을 둘러싼 환경이 조작된 현실일 거라고는 도저히 상상할 수 없습니다. 트루먼은 진실이 가려진 세상에서 30년이나 살아갑니다. 그런데 평범한 그의 삶에 이해하기 힘든 일들이 벌어지기 시작하면서 자신의 삶에 의문을 갖기 시작합니다. 여기는 어디인지, 이 세계는 대체 무엇인지 말이죠. 이 영화의 마지막 장면에 정말 멋진 질문이 나옵니다. "나는 누구죠?" 이 영화를 본 관객들은 마지막 장면에서 숨을 죽입니다. 주인공의 이 한마디는 그 어떤 조언보다 우리 인생에 무겁고 깊게 내려앉습니다. 무엇을 할지, 어디로 갈지, 어떤 것을 고를지를 묻고자 한다면 그것은 밖이 아니라 나에게 되묻는 질문이어야 합니다. 사회가 불안할수록 우리는 연대하고 싶어 합니다.

혼자서는 두려우니까요. 그렇지만 어디에 속할지, 왜 그래야만 하는지에 대한 질문만큼은 타협하고 연대해서는 안 됩니다. 내 미래를 스스로 결정하지 못하면 우리는 세상으로부터 결정당하게 됩니다. 그 순간부터 나에게는 둥근 돌이라는 낙인이 찍힙니다. 스스로를 깎고 잘라서 누구와도 어울릴 수 있는 둥글둥글한 존재가 되는 것이죠.

　결정당하는 삶은 위험합니다. 일단 들어서면 돌아서기가 힘들어집니다. 다수의 선택이 반드시 옳은 것이 아니라는 것쯤은 모두가 잘 알 겁니다. 그럼에도 불구하고 빠져나올 수 없는 것. 그것이 무서운 겁니다. 괜찮은 척, 행복한 척을 해봐도 아무도 보지 않는 길목에서 엄습하는 불안과 초조까지 망각할 수는 없는 것이니까요. 불안할수록 오히려 여유를 가지세요. 늪을 탈출하는 방법은 최대한 천천히 몸을 움직이는 겁니다. 한두 해 늦는다고 해서 인생이 어떻게 되지 않아요. 시간을 버리더라도 결정의 권리를 되찾으세요. 스스로를 깎아 세상에 맞추려고만 하는 것보다 모난 모습 그대로가 나을지도 모릅니다. 그것이 있는 그대로의 진짜 당신이니까요.

인문학 열풍, 블랙 코미디가 되다

"책을 읽어야 한다는 것 자체가 부담입니다. 그래서 좀 처럼 책에 취미를 붙일 수가 없어요."

얼마 전 독서 강연 중에 어느 직장인으로부터 받은 질 문이다. 문제의 원인이 무엇이며 어떻게 하면 좋을지를 묻 는 그분에게 다음과 같은 조언을 했다.

"오늘부터 책 읽지 마세요."

책이 부담이라면 책을 내려놓는 것 이상의 해결책은 없을 것이다. 또한 '책에 취미를 붙일 수가 없다'는 그녀의 말 속에서 문제의 원인을 찾을 수 있다. 취미는 재미에서 출발한다. 사전적 정의를 보더라도 취미의 핵심은 '즐거 움'이다. 즐길 수 없다면 그것은 취미가 되기 힘들다는 말 이다.

대화를 나누는 과정에서 그녀도 한때 독서를 통한 삶의 변화를 기대한 적이 있었음을 알게 되었다. 방법은 '다독'이었다. 다독의 생활은 책을 다루는 전문 직업인이 아닌 이상 결코 쉽지 않다. 절대량의 독서가 변화를 이끈다는 다독의 맹신과 누구나 열정만으로 다독을 생활화하는 것이 가능하다는 확신은 어디서 온 것일까? 가지기 전까지는 가져서 채워야 할 불안이었고, 가진 후에는 부담스러운 물건으로 남는 것. 그녀에게 책이란 그런 것이었다.

몇 해 전부터 출판시장에서는 인문학 서적들이 평대를 점령하는 기이한 현상이 벌어지고 있다. 최근에는 그 흐름을 타고 인문학 강연도 눈에 띄게 늘었다. 표면적으로 드러나는 현상들만 보자면 인문학의 전성시대라 불릴 만도 하지만, 아이러니하게도 그 시간 다른 공간에서는 역설적인 기현상이 펼쳐지고 있다. 대학의 기초 학문인 철학과와 사학과의 정원 미달 사태, 그로 인해 결국 폐과 수순을 밟는 학문적 비극이 대학 담장 안에서 일어나고 있는 것이다. 철학과 역사를 외면하는 학생들과 대학 경쟁력을 저해한다는 이유로 기초 학문을 교문 밖으로 내모는 학교와 기업. 그런데 그 담장 밖에서는 인문학 열풍이라니……. 아이러니한 한편의 블랙 코미디를 보는 것 같다.

현재 벌어지고 있는 상황을 논리적으로 설명하기 위해서는 교문 밖의 인문학과 안에서 다루는 인문학에 대한 정의가 다른 것이라 가정하는 편이 합리적일 것이다. 사실 교문 밖의 인문학은 순수 학문으로서의 접근이 아니라, 인문학적 통찰의 요소들을 개인 혹은 집단의 '성과'와 연계한 실용적인 자기계발서라고 보는 것이 옳다. 실용을 낳는 것은 필요이며, 필요에 의해 이차적으로 생산되는 것들이 도구다. 즉 교문 밖에서 몰아치는 인문학 열풍의 본질은 필요에 의해 실용적인 도구로써 만들어진 인문학 표 실용서인 것이다.

지난 몇 년간 신간으로 나온 인문학 관련 서적들을 살펴보면, 비즈니스나 자기계발과 관련지어 만들어진 책들이 주류를 이루고 있다. 비즈니스 · 성공 · 인문학으로 귀결되는 책들은 이미 세상에 차고 넘치지만, 여전히 비슷한 내용에 제목만 바꾼 책들이 신간 코너 한 자리를 차지하고 있다. 인문학 광풍은 밖으로 드러난 현상과는 달리 실제로는 쇠락하고 있다고 본다. 교문 밖 떠들썩한 광풍의 실체는 얼굴을 바꾼 자기계발서일 뿐이다.

책에 부담을 느낀다는 것은 책이 나와 맞지 않는다거나, 단순히 싫다는 차원의 이야기가 아니다. 문제의 본질은 사회적으로 불안정한 나의 위치에서 오는 불안이며, 그로 인한 심리적인 압박이라고 봐야 한다. 타인의 수준에 맞춰 책을 고르는 사람, 베스트셀러에 주목하는 사람, 무엇을 읽었는지보다 몇 권을 읽는지가 중요한 사람들은 늘 새로운 대안에 목말라 있고 출판시장은 시시각각 얼굴을 바꿔가며 그들의 욕구를 채운다. 지금도 '책을 읽어야 한다'는 강박감이 마음속에 자리하고 있다면 그런 분에게는 한동안 책으로부터 떠나 있으라고 말해주고 싶다.

다독의 부작용으로 책의 강박에 시달리는 예만 보더라도, 그녀가 가지고 있는 문제의 본질은 이와 크게 다르지 않다. 강박은 마음의 병이다. 이런 상태에서는 읽기의 즐거움을 회복할 수 없다. 읽기에 부담을 느끼고 있다면 한동안 책을 놓아보자. 세상에는 책이 아니더라도 배우고 느낄 것들이 차고 넘친다. 영화도 좋고 여행도 좋다. 마음이 향하는 대로 그저 풀어놓고 물길을 따라 흘러가는 '나'를 담담히 관망해 보길 바란다. 당장 손에서 책을 멀리한다고 해도 달라질 것이 무엇이 있겠는가. 일평생 책 한 권 읽지 않고서도 잘 사는 사람은 또 얼마나 많은가. 책은 잘 살기 위해서가 아니라 다르게 살기 위해서 읽는 것이다. 경쟁하기 위해서가 아니라 경쟁에서 자유롭기 위해서 읽는 것이다.

한동안 책을 손에 놓고 있다 보면 어느 순간부터 문득문득 읽고 싶은 마음이 생길 것이다. 그때는 시간과 분량에 얽매이지 말고 자유롭게 읽어보라. 그 전까지는 책을 잊고 지내도 좋다. 책이 취미가 되기 위해서는 즐거움을 회복하는 것이 우선이다.

　　진짜 독서는 그때부터다.

누구나 갖고 있지만 누구도 다 읽지 않는
그 이름, 베스트셀러

참석자 – 안녕하세요? 저는 서른다섯 살 직장인입니다. 평소 독서가 중요하다고 생각은 하지만 좀처럼 책에 손이 가지 않아 고민입니다. 우연히 보게 된 '책 없는 독서모임'이라는 슬로건에 끌려서 참가하게 되었는데요. 독서를 생활화하기 위해서는 어떻게 하면 좋을까요?

정훈 – '책'은 눈으로 읽고 머리로 사고하는 과정을 거쳐야만 의미를 가지게 됩니다. 읽지 않으면 책은 그저 종이뭉치에 불과하죠. 책장에 잠들어 있는 책들은 거추장스러운 장식품일 뿐이고요.

대개 '책'을 읽는다고 하지만, 엄밀히 말해 책이 아니라 '글'에 담긴 저자의 '생각'을 읽는 것입니다. 독서란 읽고 질문하고 반문하는 사고 과정입니다. 도로로 비유하자면 일방통행이 아니라 양방향 차선인 것이지요. 그래서 독서를 독자와 저자 사이의 대화라고 합니다. 대화가 되려면 그 사이에 질문이 끼어야 하죠. 읽기의 본질은 질문을 찾는 겁니다. 즉 책=질문인 셈입니다.

참석자 - 이곳 독서모임에서는 책을 다루지 않는데요. 특별한 이유가 있나요?

정훈 - 간혹 책을 읽을 때도 있습니다. 단지 책만을 지향하지 않을 뿐입니다. 사람들은 왜 책으로만 성숙할 수 있다고 생각하는 걸까요? 군이 책이 아니라도 삶에 영감을 줄 요소들은 도처에 깔려 있어요. '아! 오늘은 꼭 그걸 먹었어야 했어', '콘서트에 갔었어야 했는데', '그분을 꼭 만나고 얘기를 나눠보고 싶었는데', '내년에는 꼭 배낭여행을 떠나야지' 하는 아쉬움을 고민하는 분들은 쉽게 만나기 힘든 것 같습니다.

책 읽기(다독)에 열광하면서도 한편으로는 따라가지 못해 허덕이는 묘한 대비를 보면 '책의 강박'은 저만의 주장이 아니라 우리 주변에서 흔히 볼 수 있는 현실이라는 생각이 들 때가 많습니다.

누구나 책을 쉽게 접하고, 읽을 수 있게 된 역사는 사실 얼마 되지 않았습니다. 근 · 현대에 들어와서 인쇄술이 발달하고 대량생산이 가능해지면서 책이 보편화되기 시작했거든요. 그렇다면 책이 있기 이전에 살았던 인간은 미숙했을까요? 그렇지 않습니다. 우리 조상의 지혜와 슬기는 책을 통해서 나온 것만이 아니니까요. 예술을 통해서, 모험을 통해서, 경쟁을 통해서, 기본적인 의식주의 안정을 유지하고자 하는 고민을 통해서 성숙해 온 것이지요. 이러한 생각에 착안해서 '책 없는 독서모임'이 만들어졌습니다. 매주 여러 책을 다루는 대신, 각자의 세계관이 선명하고 다양한 '사람의 생각'을 만나기로 한 것입니다. 'Human Book'인 것이지요.

참석자 - 독서모임에 책을 다루지 않는다는 콘셉트가 신선했습니다. 진행방식도 꽤나 재밌었고요. 특히나 시각에 의존하지 않고 촉각으로만 상자 속 물건 알아맞히기를 했을 때, 결과가 사람마다 달랐죠. 눈만 가려도 전혀 예상치 못한 결론에 도달한다는 사실이 흥미로웠습니다.

정훈 - 호기심을 회복하기 위해서는 우선 몸으로 체험해야 합니다. 그것이 이곳 모임의 목적입니다. 사물에 대한 호기심을 회복하면 자연히 관찰력이 좋아져요. 그러면 그 이전에는 보이지 않았던 것들이 보입니다. 그런 소소하고 낯선 발견이 곧 즐거움이죠. 책은 눈으로 읽고 문자를 해독해서 머릿속에서 이미지로 재탄생되는 과정을 거치게 됩니다. 문자의 의미가 이미지로 전환될 때, 내 안의 정보량이 풍부할수록 이미지는 정밀하고 다채롭게 그려질 수 있습니다. 나무 한 그루를 본 사람과, 숲을 걸어본 사람 간에는 표현의 한계가 분명히 존재합니다. 숲을 걸어본 사람과 나무를 직접 만져보고 그 위를 기어올라본 사람 간에도 차이가 생기지요. 관찰로 얻어진 감각정보들이 언어를 풍요롭게 합니다. 어휘력을 키우겠다고 무작정 단어를 외우게 하는 부모들을 간혹 만나는데요. 어휘력을 키우려면 글자가 아니라, 그 안에서 느껴지는 느낌을 몸으로 체험시켜줘야 합니다. 이는 아이나 어른이나 마찬가집니다.

참석자 - 관찰이 책을 읽는 습관 형성에 어떤 식으로 영향을 미치나요?

정훈 - 낯선 시선으로 세상을 바라보면 사물이나 현상을 볼 때, 관찰자의 시선으로 인식하게 됩니다. 앎에 대한 욕구가 생기는 것이지요. 그러면 자연스럽게 책이라는 심화 과정으로 옮겨가게 됩니다. 제 경우에는 '읽고 싶은 것'만 읽는데, 그것이 역사일 때도 있고, 과학일 때도 있고, 문학일 때도 있습니다. '무엇을 읽어야 하는가'라는 사회적 담론의 차원이 아니라 '무엇을 알고 싶어 하는가'를 묻는, 내면에 형성된 관심의 크기가 책을 선택하는 기준입니다. 2014년에 '정의'라는 키워드가 대한민국의 출판시장을 점령하면서, 국내에서만 200만 부 이상이 팔린 책이 있습니다. 그런데 이 책을 완독한 사람은 과연 얼마나 될까요? 누구나 갖고 있지만, 그렇다고 반드시 읽는가 하는 것은 다른 문제입니다.

참석자 - 그러고 보면 저도 그 책을 사고 나서 아직 읽지 않았네요.

정훈 - 완독했는가를 기준으로 해서 베스트셀러 순위를 매겨보면 의외의 결과가 나올지도 모릅니다. 책에 어렵게 접근하지 마세요. 순수한 호기심에서 출발하다 보면 관심이 깊어지게 마련입니다. 그러다 보면 결국 책으로 귀결됩니다. 내가 알고자 하는 거의 모든 정보는 누군가가 먼저 정리해두었기 때문이지요. 세상은 넓고 책도 그만큼 많습니다. 제가 요즘 관심을 가지고 있는 분야는 '뇌 과학'인데요. 독서법에 관한 책을 몇 권 읽다가 우연히 뇌에 흥미를 가지게 됐습니다. 처음에는 뇌 과학 동영상을 몇 편 보다가 뇌 모형을 사게 됐고, 그다음에는 책에 손을 대기 시작했습니다. 그때부터 석 달째 관련 서적들을 끼고 살고 있습니다. 물론 처음 접하는 분야인 데다, 워낙 자료가 방대하다 보니 읽기가 쉽지 않습니다. 그렇지만 호기심에서 출발한 앎의 욕구는 생각보다 강력해서, 읽기의 어려움에 직면

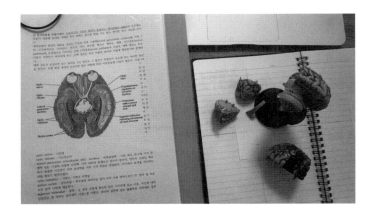

하더라도 견디며 읽도록 하는 내성을 만들어냅니다. 어려워서 오히려 즐거울 수 있는 지적 탐구의 쾌감은 호기심의 선물이죠.

참석자 - 듣다 보니 저 자신 또한 책에 대한 강박에 빠져 있었던 것은 아닌가 하는 생각이 드네요. 호기심은커녕, 전혀 즐기지 못했어요. 읽지 않고 쌓아둔 책을 볼 때마다 피하고 싶었죠. 부담스럽고요.

정훈 - 읽지 않는 책은 과감하게 정리하시는 것도 방법이라고 봅니다. 힘을 뺀 독서와 함께 다양한 사회경험들을 동시에 쌓아가는 것이 더욱 중요하지 않을까 합니다. 성숙은 책으로만 완성되는 것이 아니니까요. 먼저 일상의 호기심을 회복해보세요.

글로 배우는 연애가 뭐 어때서?

참석자 – 저는 책을 펼치면 왜 답답한 기분부터 드는지 모르
겠어요.

정훈 – '읽고 싶어' 하는 마음과 '읽어야지' 혹은 '읽어야만
해' 하는 마음 중, 어느 쪽에 가까운가요?

참석자 – 읽고 싶은 마음도 있는데, 읽어야지 하는 마음도 동
시에 있는 것 같아요. 책을 읽다가도 자꾸 남은 페이지를
습관적으로 획 넘겨보곤 하는데, 어떨 때는 '내가 억지로
읽고 있나' 하는 생각이 들 때도 있어요.

정훈 – 그런 기분이 들면 어떻게 하세요?

참석자 - 읽기 시작한 거니까 끝까지 읽으려고 노력은 하는데 쉽진 않더라고요. 한 권을 간신히 읽고 나면 한동안은 책을 가까이하고 싶지도 않아요.

정훈 - 문제를 어렵게 보지 말았으면 좋겠습니다. 읽기 싫은 건 읽지 않는 것이 옳다고 봅니다. 무엇 때문에 책에 의무감을 느끼고 있나요?

참석자 - 습관을 들이려면 그렇게 읽어야 한다고들 하니까요.

정훈 - 습관은 의식하지 않고 반복하는 것이지요. 의식하지 않는다는 것은 힘을 뺀 상태에서 자연스럽게 움직인다는 뜻입니다. 억지로 하는 것은 반복해도 습관이 되지 않습니다. 즐기면서 반복할 때 몸이 기억합니다. 독서습관이 몸에 배도록 하기 위해서 전투적으로 읽으라고 하는 분들의 말에 저는 동의하지 않습니다. 그렇게 읽다 보면 영영 읽지 못하게 될 수도 있습니다. 실제로 제가 그랬으니까요. 책 자체에 너무 큰 의미를 두지 마세요. 책을 읽지 않고도 성공적인 인생을 살아가는 사람은 수도 없이 많습니다. 그들

에게는 책이 아니더라도 배울 것이 있었기에 성장한 것이
겠지요.

^{참석자} – 그러면 자기가 좋아하는 책만 읽어도 되나요?

^{정훈} – 네. 읽고 싶은 책은 본인 스스로 정하세요. 읽어서 즐
겁고, 몰입되는 책을 찾아 읽으세요. 그것이 책을 선정하
는 첫 번째 기준이 되어야만 한다고 생각합니다. 좋은 책이
란 세상의 평가가 아니라 내가 좋아서 읽는 책입니다. 그것
이 독서의 시작이에요. 만화책이면 어떻고, 무협지면 어떻
고, 잡지책이면 어떻습니까? 독서에 체면을 앞세우면 책이
자꾸 멀어집니다. 누가 그러더군요. 한낱 연애소설 따위 뭐
하러 읽느냐며 읽지 말라고. 그래서 제가 얘기했죠. 당신을
만나게 될 사람이 불쌍하다고. 소설은 실존하는 감정에 이
야기를 입힌 겁니다. 감정은 허구가 아니죠. 연애소설은 복
잡하게 얽힌 감정의 미로 속을 들여다보게 해줍니다. 소설
을 통해 사랑에 빠진 남자와 여자의 감정과 행동을 이해할
수 있게 되지요. 인생사에 사랑이 빠지면 무슨 의미가 있나
요? 사랑을 잘하려면 연애소설은 꼭 보세요.

여행을 떠나며 무겁게 책 보따리를 싸는 사람들

참석자 - 선생님께서는 책을 적게 읽어야 한다고 말씀하시는데, 그렇다면 다독이 좋지 않다는 말씀이신가요?

정훈 - 그렇지 않습니다. 그동안 이야기했던 것은 책을 적게 읽어야 하는 이유가 아니라, 책을 적게 읽을 수밖에 없는 이유에 대한 것이었습니다. 질문을 주신 분께서는 직장인이라고 하셨는데 혹시 출퇴근 시간이 어떻게 되시나요?

참석자 - 평소 아침 7시에 나가서 돌아오면 저녁 9시 정도 됩니다.

정훈 - 그 시간에 돌아오시면 어떠세요? 피곤하지 않으세요?

참석자 – 당연히 피곤하죠. 야근 없는 직장생활은 꿈꿀 수도 없고요. 9시 전에만 도착해도 좋겠습니다. 가끔 회식까지 겹치면 일주일 내내 피곤하거든요.

정훈 – 저도 직장생활을 해봐서 잘 압니다. 우리나라 직장인들의 근로시간은 이미 세계 최고 수준인데 무슨 여유가 있겠어요. 퇴근하고 잠들기 바쁠 텐데요. 얼마 전 후배와 늦은 저녁을 먹는데 핸드폰을 손에서 놓지를 못하더군요. 여자 친구와 이야기를 나누는 줄 알았는데 회사에서 온 문자였습니다. 일에 끝이 없더라고요. 참석자분은 방해받지 않고 자신만을 위해 쓸 수 있는 시간이 대략 얼마나 되세요? 하루 중에요.

참석자 – 글쎄요. 한두 시간 정도 되는 것 같아요. 밥 먹고 TV 좀 보다가 바로 자요. 뭘 하기에는 시간이 애매하고 몸도 피곤하다 보니…….

정훈 – 대부분의 직장인이 보통 그럴 거예요. 이런 상황에서 일주일에 두세 권 책을 읽는다는 건 대단한 정신력의 소유자가 아니면 힘든 일이죠.

참석자 - 틀린 말씀은 아니지만 독서 관련 서적들을 보면 다독의 중요성을 특히나 강조하니까 일주일에 두세 권을 읽는 것도 부족하게만 느껴집니다. 현재의 자리가 불안한 사람들일수록 아무래도 더 자극을 받게 되겠지요. 무언가 하지 않는 데서 오는 불안감 같은 것이 있으니까요.

정훈 - 책을 읽고 쓰는 직업에 종사하시는 분들에게 독서와 집필은 '일'입니다. 그분들은 자신의 일을 위해 하루 8시간 이상 투자할 수 있는 환경에서 살고 있습니다. 사실 그 이상이겠죠. 그런 분들에게 한 달에 열 권, 스무 권은 물리적으로 가능한 독서량입니다. 오히려 직업적으로 독서를 하시는 분들이니 이 정도는 많이 읽는 것도 아니죠. 그분들과 여러분의 읽기 환경은 다릅니다. 그 점을 이해하셨으면 좋겠어요.

참석자 - 책을 읽는 환경이 다르다는 이야기이시군요.

^{정훈} - 네, 맞아요. 우린 너무 빠듯하게 살거든요. 그분들과의 비교 자체가 모순이라는 얘기지요.

^{참석자} - 직업적으로 읽는다면 하루 두세 권도 부담은 아닐 것 같네요. 그동안 책 읽기 목표를 세웠다가 번번이 실패한 원인을 알 것 같아요. 다독을 주장하는 분들과 제가 살아가는 환경이 다를 수도 있다는 사실에 대해서 생각해보질 못했습니다.

^{정훈} - 본인을 탓하실 이유는 없습니다. 이건 능력이나 자세의 문제가 아니라 환경의 문제니까요. 바쁜 게 내 잘못은 아니잖아요.

^{참석자} - 그렇지만 왠지 바빠도 읽어야 한다는 생각에 사로잡히게 되네요. 특히 소셜미디어에 올라오는 사진들을 보면 사람들의 독서량이 엄청나 보이거든요. 그런 사진들을 볼 때마다 자꾸 제가 뒤처지는 것 같아서 불안합니다.

^{정훈} - 물론 책을 정말 많이 읽는 분도 계시죠. 그렇지만 그런 분들과 자신을 비교하지 마세요. 시합하는 것도 아닌데

불안해할 이유가 없잖아요. 그리고 저도 예전에 그런 사진 많이 올렸었는데요. 좀 부끄러운 고백입니다만 사놓기만 하고 읽지도 않은 책이 많습니다. 모르긴 몰라도 저 같은 분 꽤 될 겁니다. 올라오는 서평만 봐도 알죠.

　말이 나왔으니 한마디만 덧붙일까 합니다. 해외여행 간다면서 책을 잔뜩 싸 들고 가는 사람들이 있는데요. 글쓰기가 전업인 작가들은 오히려 책을 두고 가볍게 갑니다. 낯선 시간, 공간, 사람, 건물, 이정표, 이국(異國)의 시장과 샛골목을 헤집고 다니며 감성이 충만해질 시간도 부족한데, 굳이 내 방에서도 할 수 있는 독서를 이국의 호텔 방에서 할 이유가 없으니까요. 누군가 책과 여행 중 하나를 꼽으라고 한다면 저는 주저하지 않고 여행을 택할 겁니다. 물론 책은 들고 가지 않을 겁니다. 살아 있는 육체와 정신의 즐거움을 절대 책 따위가 방해하도록 놔둘 수는 없죠.

고전! 욕망할 것인가, 질문할 것인가?

어떤 책의 머리글을 읽다가 눈에 거슬려 그냥 덮었다. 지금 기억하는 대강의 내용은 아래와 같다.

고전은 사람의 뇌에 특별한 기쁨을 가져다 준다. 그러니 고되더라도 참고 읽어라. 그 고통이 때로는 이루 말할 수도 없이 극심하지만, 임계점을 통과하면 고통은 기쁨으로 변하고 짜릿한 지적 쾌감을 경험하게 한다. 그 맛에 중독되다 보면 결국 고전의 저자들처럼 혁명적이고 천재적인 사고가 가능해진다.

책을 읽다 보면 불현듯 찾아오는 깨달음의 순간도 있고, 새로운 인식의 길로 들어서는 설렘의 순간도 있다. 이런 측면에서 보면 독서의 맛, 쾌감 그리고 중독성이라 할수 있는 것은 책을 매개로 총체적 인식의 세계로 들어서는 감각의 단계적 화학 반응이라고 볼 수 있다. 이 과정은 정상적이고 바람직하다.

그러나 위의 글을 보면 혁명적이고 천재적인 사고를위해 당신은 고전을 읽어야 하며, 그 과정이 힘들더라도 참고 인내해야 한다는 주장과 함께 '맛', '쾌감', '중독'이라는자극적인 이미지들을 전면에 내세우고 있다. 이 단어들에서 MSG의 감칠맛이 강하게 느껴진다. 그래서인지 전혀 개운치가 않다.

일단 고전은 어렵기 때문에 인내하면서까지 끝까지읽어야 할 책이라는 데 동의할 수 없다. 나아가 고전을 읽으면 혁명적이고 천재적인 사고가 가능해진다는 문장에서는 저자가 독서의 순기능을 왜곡하고 있다는 생각마저 든다. 고전이 창의적인 사고에 좋은 영향을 끼칠 수도 있겠지만, 그것은 필연적인 결과물일 수 없으며, 고전을 읽어야하는 이유가 바로 그 때문인 것만 같은 뉘앙스를 풍기는것은 읽기의 본질을 왜곡한 것이다.

책은 즐거운 것이어야 한다. 즐거운 책이란 단순히 쉬운 책을 말하는 것이 아니라, 지적 탐구심을 불러일으키는 책을 의미한다. 독서가 생활의 일부가 되기 위해서는 반드시 탐구의 즐거움이 전제되어야 한다. 책을 대하는 즐거움이 사라지는 순간, 독자는 연인과 이별하듯 차갑게 책과 결별한다. 애써 붙들고 있어도 지속할 동력을 잃은 이상, 다시 표류하게 된다.

고전이란 누구나 읽어야 할 책이라 생각하지만, 동시에 누구도 잘 읽지 않는 책이기도 하다. 고전에 쉽게 다가서지 못하는 이유는 어려운 책이라는 선입견이 작용하기 때문이다. 완독하지 않고서는 읽었다고 인정하지 않는 부정적 기류가 책을 대하는 우리 인식의 전반에 깔려 있어서 처음부터 건드려볼 엄두조차 내지 못한다. 고전은 고행의 길이 아니라 묵상하듯 천천히 깊어져야 할 책이다. 고전은 정답서가 아니라 질문서여야 한다. 질문의 길로 들어서는 입구는 하나지만 출구는 무한하다. 어느 길로 들어설 것인지, 안으로 반복되는 질문과 대답을 찾기 위해 느리게 읽기가 무엇보다 요구되는 책이다. 그러나 앞서 언급한 글의 저자는 고전을 통해 다다를 수 있는 최종적인 지점을 '혁명적이고 천재적인 사고'라는 추상적인 개념을 들어 단언하고 있다.

'혁명적', '천재적'이라는 피상적인 이미지는 독자의

입장에서는 답답하게 느껴진다. 분명히 자극적이긴 한데, 경험을 통해 느껴보지 않은 이상 그 개념들의 실체가 무엇인지 알 길이 없다. 반면 저자는 고전의 효과를 추상적인 단어로 표현함으로써 그 모호한 속성 뒤로 숨어버린다. 구체적인 효과의 실체를 규명하지 않고 회피하는 것이다. 그러면서도 독자와 이미 경험한 자(저자) 간의 위계는 은근히 드러낸다.

저자는 증명할 수 없는 판타지를 독자들의 머릿속에 그려주고는 책을 경쟁하고 욕망하길 부추긴다. 고역스럽더라도 견뎌내는 사람은 결국 현자들의 지혜를 얻을 것이라고 역설한다. 이러한 접근은 독서의 본질을 왜곡하는 것일 뿐만 아니라 독자에게 스트레스가 된다.

책은 욕망의 대상이 아니다. '혁명적'이고 '천재적'인 사고력을 기르고 싶다면 저자가 주장하는 고역스런 고전보다는 차라리 여행을 떠나거나, 예술품을 감상하거나, 음악을 듣는 편이 나을지 모른다. 목적에 따라 기획된 전문서나 자기계발서가 아닌 이상 그 어떤 책도 목적을 강요해서는 안 된다. 인생의 목적은 결코 하루아침에 발견되지 않는다. 가르칠 수도, 던져줄 수도 없다. 목적은 자신만의 가치를 삶의 전 구간을 통해 찾고, 흔들리지 않게 유지하며, 조금씩 단단하게 구축해가는 과정에서 선명해지기 시작한다. 이러한 가치의 일관성을 비전(vision)이라고도 한다. 이 여정은 누구도 대신할 수 없는 독자 자신의 몫이다.

책은 질문이며 독자는 질문을 좇을 뿐이다. 어떤 길에 다다를지는 누구도 알 수 없다. 책을 통해 다양한 생각을 접하고, 깊이 있는 사고를 하며, 자기만의 고유한 결론에 다다르게 하는 창조적 힘의 원천이 바로 책의 본질이다.

산책하듯 책을 대하면 고전도 수필처럼 읽힌다. 아니, 반드시 그래야만 한다.

고전! 현실의 성공을 담보하는 비법서?

참석자 - 최근에 인문고전이 열풍인데요. 인문고전 독서가 성공으로 연결된다는 여러 저자의 주장에 대해서는 어떤 생각을 가지고 계신가요?

정훈 - 우선 책이 만들어진 역사에 대해서 생각해볼 필요가 있습니다. 15세기 유럽에서는 책이 대단히 귀중한 물건이었어요. 그때까지만 해도 종이가 아니라 양피를 얇게 만들어서 손수 글자를 옮겨 썼어요. 시간과 비용이 많이 들었겠죠. 책 한 권 만드는 데 2, 3년이 걸렸다고 해요. 그렇게 세상에 나온 책은 딱! 한 권뿐이었습니다. 그러니 얼마나 귀했을까요. 책은 성직자나 귀족과 같은 특수한 계층만이 누릴 수 있는 상류층 문화였습니다. 냄비 받침으로 책을 막

다루는 지금의 개념과는 완전히 다른 것이죠. 당시 사람들에게는 책에 대한 동경과 갈증이 있었어요. 책을 대하는 자세가 진지할 수밖에 없죠.

참석자 – 지금은 책이 흔한 시대여서 그런지 책의 소중함을 잊고 사는 것 같습니다. 그렇다면 인문고전이 가진 힘보다는 책을 대하는 자세에서 인간이 성숙해지는 걸까요?

정훈 – 인문고전은 수천 년에 걸쳐서 살아남았습니다. 그 울림이 오늘날을 살아가는 사람들에게도 감동을 주기 때문이죠. 고전은 인간의 본성을 이해할 수 있게 해주는 깊고 지혜로운 책입니다. 그렇다고 고전이 현실에서의 성공을 담보하는 비법서는 아닙니다. 죄송한 말이지만 그건 환상이에요. '고전을 읽으면 성공한다!' 라는 일부의 주장은 인문학의 붐에 편승하려는 얄팍한 상술에 지나지 않습니다. 고전에 담긴 내용들을 살펴보면 신화적인 이야기를 하는 것이 아니고, 희로애락이 담긴 인간의 본성을 관통하는 이야기니까요. 세월이 흘러도 바뀌지 않는 보편적인 인간 본성에 관한 문제를 다룬 것이 고전이죠. 결국 고전은 답이 아니라 세월의 깊이만큼 축적된 모범 질문들인 셈입니다.

문학평론가 염무웅 선생께서도 말씀하셨죠. "책에 대한 갈증이 모든 욕망을 압도하던 시절, 밤하늘의 별빛을 좇아 길을 찾아가듯 책이 가리키는 바에 따라 생의 미로를 헤쳐나가던 시절, 책은 그런 시절의 아름다움 그 자체였다"고요.

책에 대한 갈증이 모든 욕망을 압도한다는 말은 읽기의 순수성을 뜻합니다. 염무웅 선생님께서는 책이 해결의 길이 아니라 헤매는 미로라고 표현했습니다. 책은 답을 구하기 위함이 아니라 생각하는 것 그 자체에 목적이 있다는 것입니다.

참석자 - 솔직히 말하면 집에 두꺼운 고전 몇 권을 사다 놓고 전혀 읽지 못하고 있어요. 읽어야 한다는 강박 때문에 사게 되었지만 의지만으로 읽어지는 것이 아니더라고요. 책을 사면서 늘 '이 책에 길이 있겠지'라는 기대를 하게 됩니다. 저는 책이 참 무겁습니다.

정훈 - 앞선 강의에서도 말씀드렸지만, 힘든 책을 왜! 억지로 읽나요? 자신을 괴롭혀가며 그렇게 읽으면 무엇이 남을까요? 단언컨대 짜증밖에 안 남습니다. 그러면 다음부터 안 읽게 됩니다. 책을 멀리하게 하는 독서법은 옳은 방법이 아닙니다. 어떤 책이든 그 안에서 깨달음과 감동을 얻었다면 그 자체로 좋은 책입니다. 좋은 책, 나쁜 책, 성장하는 책, 퇴보하는 책이라는 구분이 어디에 있나요? 누가 그런 걸 정했나요? 경제를 알고 싶은데 경제 서적이 어려우면 수준을 낮춰 읽으면 됩니다. 쉽게 이해가 되고 재미있으면 그것이 곧 올바른 독서법입니다. 책만이 길일까요? 강의를 듣거나 직접 금융거래를 해보는 것 또한 방법이 될 수 있지요. 본인의 주관을 믿고 스스로를 지지해주는 태도가 중요합니다.

인문학은 사회를 구성하는 다채로운 삶 위에 세워졌습니다. 책이 아니더라도 여행을 떠나거나, 콘서트 장을 찾거나, 오랜 친구와 술잔을 기울이는 깊은 밤에도 인문학은 구석구석 스며들어 있습니다. 거기서 내가 배우고 느낀 것들이 내 삶을 성숙하게 만든다면 그것이 진짜 인문학이라고 생각합니다. 인문학을 생활 속에서 찾는 건 너무 당연한 얘기죠. 인간에 관한 학문이니까요.

영화 〈타이타닉〉에서 기억에 남는 장면을 물어보면, 주인공 남녀가 갑판 끝에서 두 팔을 펼친 장면을 이야기합니다. 그런데 어떤 사람은 침몰하는 배에 남아 바이올린을

연주하던 사람, 키를 놓지 않고 배와 운명을 함께한 선장, 제한된 보트 자리를 기꺼이 양보하고 객실에 머문 노부부를 떠올리며 존엄한 죽음과 인간애를 배우기도 합니다. 그 어떤 책보다 강력한 엔딩의 찰나인 것이죠. 얼마나 읽었는지, 누가 썼는지가 중요한 것이 아닙니다. 우리 주위에는 책이 아니더라도 배울 수 있는 성숙의 통로가 곳곳에 배치되어 있습니다.

참석자 - 그 말을 들으니 마음이 왠지 가벼워집니다. 위로받고 있는 기분이 드네요.

정훈 - 그렇다고 읽지 말라는 말은 아닙니다. 고전은 이미 검증받은 책이니까요. 그러나 수준에 맞게, 상황에 맞게, 남과 비교하지 말고 책을 책으로써 즐겼으면 좋겠습니다. 그리고 너무 책에만 의존하지도 말고 말이지요.

2장

낯선 시선,
990권의 빈자리를
채우다

"낯선 시선만이 낯선 세상을 드러낸다"

허세 부리는 속독법 vs
후천적인 천재들의 질문서

　30분에 책을 한 권씩 읽는다며 허세를 부리는 속독법이나, 일 년에 1,000권을 읽는다며 독서량을 과시하는 사람들의 이야기를 접할 때마다 '이들에게 책을 읽는다는 것은 대체 어떤 의미일까?' 하는 생각이 든다.

　책을 접하다 보면 질문을 하게 하는 책이 있는 반면, 질문을 막는 책이 있다. '질문 있는 책' 하면 먼저 떠오르는 장르가 '시'다. 시는 제한적인 문장 안에 압축적인 언어들을 채워놓은 언어예술이다. 시는 아픈 것을 아프다 말하지 않고, 좋은 것을 좋다고 말하는 법이 없다. 시의 언어는 단어의 외피가 아니라 속살에 천착(穿鑿)한다. 대상의 개별적 속성에 집착함과 동시에 외부 세계와 얽혀 있는 사회적 관계 속에서 공통점을 찾아내려 하는 것이 시인의 시선이라고 생각한다. 시인들은 후천적인 천재들이다. 그들은 사물을 편히 바라보려 하는 법이 없고, 끊임없이 의문의 시선과 질문들을 던져댄다. 그 덕에 종이 위에 그려지는 세상은 늘 참신하다.

질문이 있는 이런 책들은 음미하고 뜯어볼수록 사물을 바라보는 통찰의 시선을 깊어지게 한다. 목적을 갖고 시를 써본 적도 없고, 감히 시인이 되어보려 한 적도 없지만 시집을 가까이 두고 틈틈이 읽는다. 시에 투영된 낯선 세상을 읽어나가는 시간이 흥미롭기 때문이다. '어떻게 이런 표현이 가능하지!' 하며 감탄하는 순간을 시집 안에서는 수시로 만나게 된다. 나아가 읽는 데 그치지 않고 직접 써보기를 반복하다 보면 사물과 생명을 대하는 시인의 유별난 관점을 경험할 수도 있다. 앞서 시인들을 후천적인 천재들이라고 했는데, 시인의 재능은 관찰과 쓰기를 지속해온 결과이기 때문이다.

아래의 글은 안도현의 시 〈스며드는 것〉을 반복적으로 읽어가며 그 느낌을 나름 흉내 내어 본 것이다. 시인과 같은 방향에서 대상을 관찰해보려는 시도이기도 했다. 그의 시를 읽고 난 후 며칠간 마음이 아려서 게장을 먹을 수

가 없었다. 죽어가는 동안에도 품 안의 자식을 안심시키려
는 모습에서 로베르토 베니니 감독의 〈인생은 아름다워〉
가 떠올라 영화를 다시 찾아 보기도 했다. 유태인 수용소에
서 주인공 귀도가 두려워하는 아들 조수아를 위해 죽음의
순간까지 웃음을 잃지 않았던 모습이 안도연의 시 〈스며드
는 것〉의 마지막 행과 맞닿아 있었다.

"저녁이야, 불 끄고 잘 시간이야."

그 절절한 슬픔이 한동안 장마처럼 떠나지 않아 몹시
힘들었더랬다. 시의 재료들은 주변에서 쉬이 볼 수 있는 평
범한 것이지만, 운율이 가미되면 특별해진다.

게 한 마리가 눈물이 될 줄은 몰랐다.

〈횟집〉
뜰채가 지나가면
산 것은 이제 죽은 목숨
버둥거리다 결국 살 속을 파고드는
날 선 칼을 받아들여야 할 때,
어미 잃은 새끼

새끼 잃은 어미는
새하얀 도마 위에서
소리 없이 울었고
곧
눈물 없이 사라졌다

읽는다는 것은 앎(知)을 넘어서 감흥(感興)의 차원이
어야 한다.

시뿐만 아니라 소설, 수필, 역사, 철학을 아우르는 인
문의 서(書)를 속도로 읽으려는 자세를 어떻게 봐야 할까.
한 편, 한 구절에 사로잡혀 며칠을 앓을 수도 있는 것이 문
학이다. 책을 손에 드는 순간부터 독자는 느리게 읽을 준비
가 되어 있어야 한다.

질문을 막는 책을 살펴보면 대개 주장이 강하고, 전개
가 급하고, 답이 분명하다. 일단 경험을 내세운 저자가 곧
답이니 질문을 허락지 않는다. 독서의 대가, 100억 부동산
자산가, 경매 전문가, 육아 전문가, 재테크 전문가들이 만
들어낸 책에는 확신에 찬 답이 넘쳐난다. 생각할 틈도 없
고, 반문할 여지도 없이 문자를 훑는 대로 책장은 넘어간

다. 이런 책이라면 30분 만에 한 권을 읽는 것도 무리는 아닌 듯싶다. 미디어의 발달로 책의 구매 수요가 감소했고, 그 영향으로 인해 출판계도 불황을 겪고 있다. 상황이 이렇다 보니 비즈니스를 하는 입장에서는 좋은 책보다는 잘 팔리는 책에 치중한다. 문제는 잘 팔리는 책이 반드시 좋은 책은 아니라는 점과, 책의 질을 떠나서 잘 팔리도록 만드는 데 출판전략이 맞춰져 있다는 점이다.

그래서 개인적으로는 온라인이나 오프라인 서점에서 상위 순위를 차지하고 있는 베스트셀러에 관심을 두지 않는다. 대형 서점에 가보면 그때마다 베스트셀러가 정문 입구부터 시작해서 각 코너별로 진열되어 있고, 시선이 닿는 곳마다 대형 플래카드가 붙어 있다. 서점이라는 공간에 들어서고부터 독자는 그 안의 분위기가 강권하는 무언의 메시지에 압박감을 느끼기 시작하고, 본인의 관심사와 동떨어진 분야라 할지라도 절대다수의 선택에 동참하지 못한 데서 오는 불안감에 결국 집어 들고야 만다. 이것은 독자의 선택권을 침해하는 일종의 폭력이며, 호기심과는 분명히 다른 감정이다. 베스트셀러의 순수성에 대한 세간의 의구심은 짙다. 그럼에도 불구하고 휘둘리게 되는 것은 우리 사회에서 책이라는 본연의 순수성이 퇴색했기 때문은 아닐까? 독서량을 자만하는 모습을 보고 있자면 책의 본질이 읽는 것에서 경쟁하는 것으로 바뀐 듯한 착각마저 든다.

읽기의 목적은 얼마나 빨리 읽고, 많이 읽는가가 아니라 읽기 그 자체에 의미를 두어야 한다. 독서를 통해 우리가 발견해야 할 것은 답이 아니라 전에 없던 질문이어야 한다. 질문이 사라진 책과, 그러한 책을 강권하는 자본의 횡포는 한 개인의 '읽는 문화' 자체를 파괴할 수 있다.

읽으면 읽을수록 다채로워지는 세상

참석자 – 책을 읽지 않는 지금도 사실 행복하거든요. 책을 꼭 읽어야 할까요?

정훈 – 읽지 않아도 됩니다. 행복하다면요. 책은 그저 하나

의 길에 불과합니다. 참석자 분께서 평생 자기 동네에만 사시다가 어느 날 해외에 나가셨다고 가정해보세요. 낯선 사람들을 만나고, 멋진 풍경과 들어보지 못한 언어, 먹어보지 못한 음식들을 경험하게 될 겁니다. 놀라움의 연속이겠죠. '아, 이런 세상도 있구나!' 하고 생각하는 순간, 마음속에서 대상을 알고자 하는 새로운 동기가 생깁니다. 행복의 온도가 달라지진 않지만, 행복을 느낄 수 있는 세계가 다채로워집니다. 책을 통해 지금보다 더 행복해진다고 장담할 순 없지만, 다양한 행복을 경험할 수는 있을 것이라 생각합니다. 그것이 책을 읽어야 하는 이유라면, 이유일 것입니다.

만 번을 읽어도 새로워라, 어머니의 천수경

어린 시절 어머니는 5시면 일어나 천수경을 읽으셨다. 고요한 새벽, 나지막하게 깔려오는 독경소리가 이불 홑청을 타고 내 귀로 흘러들면 나는 그 독특한 음색과 리듬에서 어머니를 느끼곤 했다. 가난으로 말미암아 여섯 식구가 한 방에 모여 살기는 했지만 불편함을 몰랐고, 오히려 손을 뻗으면 잠이 드신 어머니의 손가락을 만질 수 있어서 행복했던 기억이 난다.

그로부터 30년이라는 세월이 흘렀고 내 나이도 이제 마흔하나가 되었다. 그동안 주위의 많은 것들이 변했지만 변하지 않은 것도 있으니, 지금도 여전한 어머니의 독경소리다. 30년 넘게 한 권을 반복해서 읽어 오신 어머니에게 항상 같은 불경을 읽는 이유를 물은 적이 있다. "매번 새롭기 때문이다." 어머니의 답변은 예상치 못한 것이었다. 만 번은 읽었을 법한 책을 두고 새롭다 하신 그 뜻을 처음에는 선뜻 이해하지 못했다.

몇 년 전부터 느리게 읽기를 시작하면서 어머니의 말씀이 가슴에 깊이 와 닿을 때가 있다. 책을 읽는다는 것은 엄밀히 글을 읽는 것이고, 이는 활자의 의미를 파악한다는 것이다. 그 시대의 의미는 그 시대의 문화에서 태어나며, 결국 문화는 사람에 의해 형성되는 것이므로 책이란 좁게는 한 사람, 나아가서는 그 사회를 깊이 이해하고 통찰하는 철학이다. 책이란 깊다. 한 권의 불경에 담긴 삶의 도리와 이치의 깊이는 삼십 년간 만 번을 반복해서 읽어도 바닥에 닿을 수 없을 만큼 넓고 깊은 까닭에 새벽을 깨우는 청아한 어머니의 독경소리는 앞으로도 계속될 것이다.

현재 진행 중인 독서모임 '책과 강연'에서 30대 후반의 한 남자 분을 만났다. 그는 소독(少讀)을 주제로 이야기하는 내내 불편한 기색을 감추지 못했는데, 모임을 마치자마자 나에게 다가와 물었다.

"전 책을 좀 많이 읽는 편입니다. 직장을 다니지만, 다독하는 생활이 그렇게 어렵다고는 생각해보지 않았습니다. 듣다 보면 다독은 옳지 않은 것이라는 인상을 받게 되는데, 이 점에 대해서 어떻게 생각하시는지요."

그는 약간 흥분한 것도 같았고, 불안해 보이는 것도 같았다. 아마도 그가 흥분했던 이유는, 되도록 책을 적게 읽으라는 내 주장이 매우 생소했기 때문일 것이고, 동시에 다독을 해왔던 독서습관이 부정되는 것이 살짝 두렵기도 했던 모양이다. 나는 남자에게 물었다.

"혹시 책을 여러 번 반복해서 읽어본 적 있으십니까?"

"아니요……. 한번 읽었던 책을 다시 읽는다는 게……. 사실 흥미가 생기지 않습니다. 그리고 읽어야 할 책들이 있으니 다시 읽을 시간적 여유도 없고요."

책에 따라 독서의 방식이 다를 수는 있겠으나, 한번 읽은 책에 대해 돌이켜볼 여유조차 없다면 대체 책은 무엇 때문에 읽는 것인지 묻지 않을 수 없다. 생각하며 읽기 위해서는 속도를 늦춰야 하고, 그 생각이 깊어지기 위해서는 반복해서 읽는 것 이상 좋은 방법은 없다. 어머니가 경전을 만 번 이상 읽으시면서 '매번 새롭다' 하신 말씀은 독서에 관한 나의 확고한 기준이 되었다.

한 권의 책이 나오기까지 적게는 1년, 책에 따라서는 수년에 걸친 조사와 연구가 선행되기도 한다. 원고를 써 나가는 것도 쉬운 일은 아니지만, 초고를 완성한 후 개운

한 마음이 들 때까지 다듬고 수정하는 탈고의 과정은 우리가 생각하는 것 이상으로 고된 작업이다. 조사 한 음절, 한 단어에 옴짝달싹 못 하고 며칠씩 책상 앞에 웅크리고 앉은 저자의 좁은 등을 독자는 알지 못한다. 글은 저자의 목숨보다 긴 것이어서 글을 쓰는 사람은 특히나 그 강한 생명력에 예민하다. 한번 책으로 나오면 고쳐 쓸 수 없기 때문이다. 설령 독자가 알아채지 못할 만큼 그 의미의 차이가 미묘한 수준이라 할지라도 저자의 입장에서는 결코 외면하고 지나칠 수 없는 중요한 문제인 것이다.

쉽게 읽힌다고 해서, 쉽게 쓴 글은 아니다. 오히려 그런 글일수록 곱씹어 읽어야 한다. 시인 고은의 〈그 꽃〉은 짧지만 깊고, 쉽지만 강렬하다. 단 몇 줄 속에 인생의 의미를 깊이 있게 담아낸 그 통찰의 시선이 놀랍다.

그 꽃

  – 고은

내려갈 때 보았네
올라갈 때 보지 못한

그 꽃

책에 따라서는 반복해서 읽을수록 마음에 새겨지는 문장들이 있다. 책을 처음 읽는 초독이 전체적인 내용과 눈에 들어오는 정보를 확인하는 차원이라면, 두 번째 읽기부터는 탐독을 한다. 차분히 이곳저곳을 탐험하듯 책을 읽는 것이다. 탐독에서 가장 중요한 점은 읽어가며 노트에 기록하는 것이다. 빈 노트 중간에 세로줄을 그어 좌우 면을 나누고서 왼쪽에는 내용을, 오른쪽에는 느낌을 적는다. 왼쪽 면에는 몰랐던 사실이나 생소한 용어, 단어, 그리고 마음을 사로잡은 문장을 필사한다. 오른쪽에는 내용의 배경을 조사하거나, 생소한 용어는 사전적 의미를 확인하여 기록해 둔다. 좋은 문장은 몇 번이고 반복해서 읽고, 노트에 같은 주제로 짧은 글을 써본다.

탐독하다 보면 책 속에서 파생되는 호기심의 가지가 장르를 가리지 않고 뻗어가는 것을 스스로 체험하게 된다. 역사물을 읽다가 철학의 담장을 넘어서기도 하고, 민속학을 엿보게 되기도 하고, 시와 맞닥뜨리기도 한다. 장르의 경계가 사라지고, 어린 나무가 빛을 향해 새 가지를 뻗듯이 지적 욕구가 이끄는 대로 따라가다 보면, 탐독이 만들어낸 지식의 숲은 넓고 깊어질 수밖에 없다.

이러한 과정이 독서의 진짜 재미다. 탐독은 분명 느리

지만 즐거운 놀이의 과정이다. 나에게 책 읽기는 그래서 '놀이'다.

얼마 전 쪽지로 이런 글이 날아왔다.

"경제 서적을 읽으려고 하는데 너무 어려워서 읽기가 힘듭니다. 어떻게 해야 할까요?"

이에 다음과 같이 조언했다.

"반드시 읽지 않아도 될 책이라면 읽지 마시기 바랍니다. 그러나 읽어야 할 상황이라면, 본인이 이해할 수 있는 쉬운 책으로 시작하세요. 무리하면 싫어지고, 싫어지면 영영 멀어집니다."

재미있게 읽어야 지적 호기심이 발동한다. 바로 그 지점에서 지적 탐구가 시작되고 읽기의 진정한 재미를 발견하게 된다. 재미있어지면 몰입하게 되고, 몰입하게 되면 생각이 깊어진다. 깊게 읽을수록 새로운 것을 발견하게 되고, 그것은 호기심으로 이어진다. 이러한 선순환이 적게 읽고도 풍부한 지식의 네트워크를 만드는 비결이다.

자전거의 공백을 읽다

매주 운영하는 독서모임을 진행하던 중, 한 번은 참가자들에게 각자가 기억하는 자전거를 종이 위에 그려보라고 했다. 30대, 40대 남녀 8명이 모였던 이 날, 처음에는 가벼운 웃음을 머금고 백지 위로 펜을 그어가던 날랜 손길들이 잠시 후 길을 잃고 방황하더니 끊어진 선 위에서 멈춰섰다. 고개를 천천히 한번은 좌로 한번은 우로 기울여가며 골똘히 생각하는 사람, 턱을 들어 천장을 바라보며 눈을 껌뻑이는 사람, 엄지와 검지 위로 빙그르르 펜을 돌리는 사람, 뭔가 생각났다 싶을 때는 얼른 고개를 숙이고 멈췄던 선을 이어가는 사람. 늘 보아왔고, 직접 타보기도 했고, 심지어 오늘도 탔던 그 자전거를 제대로 그려내지 못하는 자신에게 당황해하는 참가자들을 보면서 사실 나 역시도 그들과 다르지 않았음을 고백한다.

왜일까? 이러한 당혹감은 아는 것과 안다고 여기는 인식의 차이에서 발생한다. 안다는 것은 무엇인가? 이는 내가 아는 범주 내에서 확신하는 것을 말한다. 당신 눈앞에 사과가 한 알 놓여 있다고 가정해보자. 우리는 사과를 보고 당연히 사과라 말할 수 있다. 그러나 반대로 사과가 없는 상태에서 사과에 대해 묘사해 보라고 하면, 사과는 저마다의 모습으로 노트 위에 정의될 것이다. 우선 색깔에 의해 구분될 수 있겠고, 수확 시기나 저장 기간에 따라서 맛과 향 그리고 껍질과 과육의 다양한 식감으로 표현될 수도 있다. 여기서 아는 만큼이란, 관심의 크기가 만들어낸 결과다. 관심은 관찰이라는 행동으로 이어져, 보이지 않았던 사물의 속성을 해부한다.

그림도 여행도 아는 만큼 보인다고 하지 않던가. 책을 통한 경험이든 육체를 통한 경험이든 경험에 의한 정보는 사물에 대해 다양한 관점을 가지게 하는데 우리가 시를 읽고 그 짧은 몇 문장에 감탄을 쏟아내는 것은 평범한 일상 속에서 내가 경험하지 못한 낯선 세계에, 시인의 눈을 빌려 성큼 들어서는 경험을 했기 때문이다. 시인의 눈은 매서운 관찰자의 눈이다. 처마 아래로 떨어지는 빗방울을 바라보는 시점은 나의 관점이다. 그 관점을 달리해 빗방울의 입장에 서면 그것은 추락일 수 있고, 절망일 수 있고, 속절없는 종말일 수도 있다. 평범하다 여겨왔던 일상의 어느 지점에서 불현듯 낯선 문장을 만날 때, 우리는 강렬한 시적 아름다움을 느낀다. 시의 낯섦은 타고난 재능이 아니라 속성을 파고드는 집요한 관찰의 결과다. 우리는 자전거를 관망하고, 시인은 자전거를 해부한다. 우리는 자전거를 타고, 시인은 자전거를 직관(直觀)한다. 허벅지에서 무릎으로, 무릎에서 장딴지로, 장딴지에서 발목으로, 발목에서 페달로, 페달에서 체인으로, 체인에서 뒷바퀴로 전이된 힘이 결국 바퀴와 맞닿은 바닥을 밀고 앞으로 나아가는 추진의 원리를 숨죽여 관찰한다.

자전거를 그려가다 보면 인식의 오류들이 속속 드러난다. 펜 끝으로 그려내는 자전거는 인식 속에 존재하는 이미지와는 달리 생각처럼 잘 그려지지 않는다. 자전거를 제대로 그리려면 그냥 볼 것이 아니라 주의를 집중해서 봐야 한다. 한 곳에 집중하면 뇌는 그 밖의 주변을 지워버린다. 그것을 관찰에 의한 몰입이라고 한다.

글을 읽는 것 또한 다르지 않다. 아는 것과 안다고 여기는 것을 구분하며 읽어가려면 속도부터 내려놓아야 한다. 서점 내부에 자리한 자기계발 코너에서 '통찰'이라는 단어가 빠지는 책이란 찾아보기 힘들다. 이만하면 통찰의 사전적 정의 정도는 내 입에서 술술 나와야 정상이다. 그러나 독서모임 중간에 이 개념을 설명해보라고 하면 평소 책을 제법 읽는다는 사람들조차도 말을 얼버무리기 일쑤다. 설명할 수도 없는 그 개념이 손에 들린 책의 핵심이라면 책을 읽어본들 무엇을 얻을 수 있을까? 단 한번이라도 사전을 찾아보았거나, 한자의 의미를 이해하려는 노력을 기울였다면 읽는 깊이도 달라졌을 것이다. 사물을 파고드는 '정신의 눈'을 갖지 못하면 육체의 눈으로 볼 수 있는 것은 매우 제한적일 수밖에 없다. 실제로 아는 것과, 그렇다고 여기는 것은 전혀 다른 얘기다.

관찰자의 시선은 사물을 새롭게 재창조한다. 우리가 속한 세계를 자신만의 시각으로 재창조해내지 못한다면 우리는 타자에 의해 만들어진 세계에 갇히고 만다. 그 세계에서 내 눈에 보이는 모든 환경은 타자에 의해 묘사된 실재에 불과하다.

당연히 알고 있던 것들의 배신

참석자 - 특별히 자전거를 그리라고 하신 이유가 있나요?

정훈 - 우리가 평소 안다고 확신해온 것들을 얼마나 제대로 알고 있는지 확인하는 시간을 갖고 싶었습니다. 흔하고 익숙한 소재이지만 해보니까 쉽지 않지요.

참석자 - 저 자신에게 배신감이 들었습니다. 처음에는 주변에서 쉽게 볼 수 있는 것이니까 쉽게 생각했어요. 바퀴, 핸들, 안장까진 좋았는데 페달에서 자전거를 움직이게 하는 동력을 전달하는 구조의 디테일이라든가, 프레임의 위치라든가······. 그러면서 점점 꼬여갔습니다. 그리긴 했는데 결함이 있는, 그런데 그게 뭔지 '콕' 집어 말할 수 없는······.

정훈 - 주변에 흔히 있는 것들을 우리는 잘 보지 않습니다. 그럼에도 '인식'은 합니다. 새로운 것에는 신경이 예민하게 반응하지만, 익숙한 것들에 닿는 시선은 흐릿하게 누그러집니다. 그냥 보이는 대로 보는 것이죠. 관심을 가지지 않으면 일상 속에 숨겨진 디테일을 볼 수가 없습니다.

참석자 - 이번 체험을 통해서 '안다는 것은 무엇인가, 그리고 지금껏 알고 있다고 확신해온 것들을 나는 진정 확신할 수 있는가' 하는 문제들을 생각해 보게 되었습니다. 한마디로 당혹스런 경험이었습니다.

정훈 - 익숙한 것들을 대상으로 관찰하는 것은, 그동안 그 대상을 어떻게 바라보았는지에 대해 '보는' 지점부터 다시 시작됩니다. 당장 '당연한 것'이라 인식하는 대상들은 오랫동안 나의 인식 속에서 길들여진 관성의 산물입니다. 내 안의 고정된 편견인 것이지요. 자전거를 탈 때 발끝에서 페달과 체인을 거쳐 허벅지를 압박하는 동력의 전이과정을 유심히 관찰하고 기술해보세요. 관찰의 지점을 달리하면 보이지 않았던 것들이 보이기 시작합니다. 새로운 발견이란 그런 것이죠. 발견한 내용을 그대로 옮겨 적기만 해도 색다른 표현이 됩니다. 표현이 풍부해진다는 것은 내가 바라보는 관점이 다양해지고 있다는 것입니다. 육체가 아니라 정신의 눈으로 들여다보기 시작하면, 보이지 않았던 것들이 보이기 시작하는 것이지요.

참석자 - 정신의 눈이란 강의 중 말씀하신 '시인의 시선'과 맞닿은 개념이겠군요.

정훈 - 맞아요. 시인의 시선이 머무는 소재는 일상적인 것들이지만, 그들의 손끝에서 탄생하는 글은 경이롭습니다. 그는 봤지만 우리에게는 보이지 않던 것들을 꺼냈기 때문이에요. 시는 재능보다는 관찰의 결과라 생각합니다. 사물의 이면을 속속들이 해부하는 예리한 시선의 결정체가 '시' 아닌가 하는 생각을 평소에 많이 하는 편입니다.

참석자 - 일상의 모든 곳에 경이로움이 숨어 있다는 말씀이네요. 발견을 못 했을 뿐이지.

정훈 - 벌써 시인 같습니다.

낯선 시선, 낯선 세상을 잇다

몇 해 전 공방을 다닐 때의 일이다. 어릴 적부터 손으로 만드는 것을 좋아했던 터라 나무를 다루고 가구를 만드는 것은 살아가면서 한번쯤 경험해 보고 싶은 일이었다. 어느 날 목공작업 중에 선생님께서 질문을 하나 던지셨다. 문밖의 가로수를 한참 쳐다보시다가 그중 나무 하나를 가리키며 무엇이 보이느냐고 물었는데, 질문의 의도를 파악하지 못한 나는 나무 외에는 아무것도 보이지 않는다고 대답했다. 선생님은 얼굴을 돌려 나를 보시고는 답을 알려주는 대신 두 번째 질문을 던졌는데, 그 물음이 세상을 바라보는 기존의 관점을 뒤흔든 계기가 되었다.

"높이 뻗은 나뭇가지 끝까지 수분을 끌어올리는 힘이 어디서 나오는지 아세요?"

한 번도 생각해본 적 없던 질문이었다. 내가 머뭇거리자 선생님은 기다리지 않고 말을 이어갔다.

"바람입니다."

"네?"

순간 나는 타인의 낯선 공간에 들어섰을 때와 같은 강한 호기심을 느꼈다. 전혀 예상치 못한 답이었다.

"나뭇잎의 기공을 통해 세포에 있던 물이 공기 중으로 증발하게 되면, 나무는 부족해진 물을 보충하기 위해 잎맥의 물관에 연결되어 있는 물 분자를 끌어올립니다. 이를 증산작용이라고 하지요. 물을 끌어올리는 이 힘의 원동력이 바로 증발을 촉진시키는 바람입니다."

한 그루의 나무를 가리키며 무엇이 보이냐고 묻는 선생님에게 나무가 보인다고 대답한 나의 시각이 지금까지 사물의 한 면에만 고정되어 있었음을 그때 깨닫게 되었다. 보이지 않는 바람, 햇볕, 습도가 물을 끌어 올리고 나무를 살리는 생존의 조건임을 알아버린 순간부터 나에게 바람은 더 이상 무형의 것일 수 없었고, 특히나 나무와 분리해서 생각할 수 없는 세상의 선명한 일부로서 나의 인식 속에 자리매김하게 되었다. 공방의 열린 문틈 사이로 낮고 여린 바람이 불어왔다. 바람이 몸을 훑어가며 가늘게 뒤로 사라지는 순간, 밖으로 드러난 피부가 바람을 놓치지 않고 그것을 읽어내기 위해 반응하는 것을 느꼈다. 바람의 세기, 방향, 온도…… 응시하는 순간부터 보이지 않던 것들이 보이기 시작했다. 드러나지 않은 세상의 속살이 열리는 순간이었다.

지금껏 바람을 몰랐다는 사실을 알게 되고 나니 비로소 바람이 궁금해지기 시작했다. 나는 사전에 정의된 바람들을 찾아보았는데 생각한 것 이상으로 그 종류가 다양했다.

샛바람, 하늬바람, 마파람, 높바람, 높새바람, 높하늬바람, 갈마바람, 가시알바람, 마칼바람, 뒤바람, 맞바람, 건들마, 선들바람, 소슬바람, 서늘바람, 서릿바람, 손돌바람, 솔솔바람, 소소리바람, 살바람, 골바람, 황소바람, 명지바람, 뒤울이, 횐풍…….

불어오는 방향과 세기, 계절, 장소, 온도에 따라 달리 불리는 바람이 있다. 각각의 고유한 속성을 가진 이 바람들을 사람들은 잘 구분해내지 못한다. 몸이 바람을 느낀다 할지라도 그 객관적인 정보를 정제하여 바람을 구분해놓은 사전적 정의가 나에게 없는 이상 그 어떤 바람이 불어와도 우리는 그저 바람이라고밖에 달리 표현할 길이 없는 것이다. 표현하지 못하는 개념은 한 차원 높은 정신적 향유로 이어질 수 없다.

낯선 여행지를 깊게 즐기는 방법은 사전조사를 해가는 것이다. 아는 만큼 보인다. 나무와 바람의 관계를 발견하고부터 바람을 찾아보게 되었고, 계절에 상관없이 불어오는 바람에 대한 이해가 깊어졌다. 이것이 흔히 우리가 말하는 사색이다. 사색(思索)의 사전적 정의는 어떤 것에 대해서 깊이 생각하고 이치를 따진다는 의미다. '어떤 것'이란 무엇을 말하는가. 그것은 깊이 생각하고 이치를 따지기 위해 필요한 생각의 '재료'다. 요리에 신선한 재료가 필요하듯 사색에도 재료가 필요한 것인데, 이것은 기다린다고 떨어지는 것이 아니라 관심을 가지고 적극적으로 찾아 나설 때 주어지는 것이다.

언젠가 TV 요리 프로그램에서 한 요리사가 시골 마당, 담벼락, 길가, 뒷산 등지에서 흔한 식자재들을 찾아내 정갈한 요리를 만드는 모습을 본 적이 있다. 흔한 것과 당연한 것은 지천에 깔려 있지만 정작 눈에는 잘 띄지 않는다. 관심 없는 사람에게 낯선 세상은 그 모습을 잘 드러내지 않는다. 봄철 냉이 된장국을 먹으면서도 냉이에 관심을 둘 줄 모르는 사람에게는 '맛있다'고 읊조리는 외마디 감탄이 요리의 감상을 표현할 유일한 길이다.

멸치, 다시마를 넣고 우려낸 물에 된장을 풀고 냉이와 대파를 넣어 끓여내는 과정에 관심을 두는 사람은 혀끝으로 전달된 맛을 가늠할 수 있는 구체적인 정보를 갖게 되는 것이다. 흐릿하게 번지는 멸치의 비릿함, 그 비릿함을 개운하게 감싸듯 잡아내는 다시마와 대파의 시원함, 이 모든 잡스러운 맛을 하나로 묶어내는 묵직한 된장의 맛과 냄비 속 한가득 퍼지는 냉이의 향이 더해져 봄의 정보들이 혀끝에서 살아서 표현되는 것이다.

맛을 음미하기 위해서는 맛의 근원을 알아야 한다. 그러기 위해서는 관찰을 하고 정보를 탐색할 필요가 있다. 정보는 관찰의 과정 속에서 발견할 수 있다. 이 과정을 사색이라고도 부른다. 생각을 비운다는 것은, 생각하지 않는 것이 아니라 생각할 것만 생각하여 그것에만 몰입하는 것이다.

관찰을 통해 결국 낯선 발견을 경험하게 된다. 그리고 익숙한 것으로부터 낯섦을 발견해 갈수록 안다는 것에 대한 기존의 확신이 얼마나 심각한 오류를 담고 있었는지를 깨닫게 된다. 발견하지 못한 것은 나의 인식 속에서 형상으로 존재할 수 없고, 형상이 없으니 생각할 수 없게 된다. 생각하지 못하면 존재할 수 없고, 존재하지 않는 것이니 당연히 눈에도 보이지 않는다.

이끼 긴 마당 한구석에서 바짝 몸을 낮추고 식자재를 찾는 요리사에게 마당은 미지(未知)의 숲이다. 길거리와 실개천에 머문 시선은 깊고 예리하며 몸짓은 조심스럽다. 익숙한 것으로부터 비범한 맛을 찾아내는 과정을 보고 있자면 절로 탄성이 터져 나온다. 그에게 존재하는 것이 나에게는 존재하지 않을 수도 있다.

낯선 시선만이 낯선 세상을 드러낸다.

익숙한 것들에게 던지는 한마디, '왜?'

참석자 – 나무의 생존에 절대적인 요소가 '바람'이었다는 얘기를 들으니, 아는 만큼 보인다는 말을 다시 한번 생각해보게 됩니다. 그러면서 가려진 세상에 대해 관심을 가져야겠다는 생각을 해보았습니다.

정훈 – 바람이 부는 순간은 가지가 흔들리는 현상을 보고 알아차립니다. 관찰이란 것은 하나에만 집중하는 것이 아니라, 하나에 집중함으로써 그곳에서 일어나는 현상들의 이면을 고찰해보는 작업이에요. 그래서 관찰할 때는 온몸의 감각들을 활용해야 하죠. 소리, 냄새, 촉감, 모양, 느낌까지. 우리의 내면은 지식만으로 확장되지 않아요. 신체 감각을 통해서 경험한 감정들을 잘 섞고 버무려야 나란 사람의 세계관도 깊은 장맛처럼 풍부해질 수 있어요.

참석자 – 좋은 관찰을 하려면 어떻게 해야 할까요?

정훈 – 관찰은 생활입니다. 어려울 것도 복잡할 것도 없습니다. 세상이 당연하다고 생각하면 질문이 사라집니다. 아이들이 쉴 새 없이 묻고 떠드는 이유는 낯설기 때문이지요. 평소에 '왜?'라는 질문을 어디든 적용해 보세요. 질문을 달리하면 주변 환경에서 새로운 배움을 발견하기 시작할 겁니다.

참석자 – 예를 들면요?

정훈 – 음……. 평소 은행 볼일 보고 밖으로 나가실 때 문을 어느 방향으로 열었는지 기억나세요?

참석자 – 글쎄요……. 전혀 생각해본 적이 없는데요.

정훈 – 은행 가실 일 있으면 한번 확인해보세요. 은행 문은 밖으로 나갈 때 당겨서 열게끔 설계되어 있습니다. 범죄와 같은 긴급한 상황에서 본능적으로 문을 밀치고 달아나려는 인간 심리를 역으로 반영해서 설계했기 때문입니다. 화장실 문도 통로가 좁아서 안으로 열리지요. 밖으로 열리면 지나가는 사람과 부딪히니까요. 이처럼 세상에 존재하는 것들 중에 그냥 그렇게 된 것들은 거의 없습니다. 셰익스피어도 비슷한 얘기를 했습니다.

세상의 모든 일에는
왜, 어째서라는 원인과 이유가 있다

정신의 눈에 불을 켜고 세상을 바라보면 세상 곳곳에 숨겨진 비밀들을 발견하게 됩니다.

작은 조약돌에서 로맨스를 발견하다

어느 영화에서 남자주인공이 여주인공에게 돌 하나를 내밀면서 이렇게 말했다.

"예전, 아주 오래전, 그러니까 문자가 없던 시절에는 돌편지라는 것이 있었어. 매끈하고 부드러운 돌은 편안함과 안전함을 뜻하고, 거칠고 모난 돌은 문제가 있다는 뜻이래."

남자는 여자에게 매끈한 조약돌 하나를 건넸고, 여자는 웃었다.

흔히 돌이 가진 감각적인 정보를 떠올려보라고 하면 사람들은 대부분 단단하고, 딱딱하고, 차갑고, 무겁다고 말하는 정도다. 경험에 의한 감각은 머릿속에서 선명하게 그려진다. 그런데 앞의 대화에서 등장하는 돌은 단순히 감각에 의한 1차원적인 정보에서 그치지 않고, 손끝으로 전달되는 촉각 정보가 감성적인 정서로 옮겨가고 있음을 보여준다. 매끈함은 편안함, 안전함, 따뜻함이라는 긍정적인 정서와 연결되고, 반대로 거친 표면은 불편하고 불안정한 정서와 연결된다. 이 장면은 영화가 끝나고 나서도 뇌리에서 한동안 사라지지 않고 머물렀는데, 아마도 로맨틱한 돌의 여운이 컸던 모양이다.

사물을 바라보는 시선이 남다르다는 것은 하나의 사물에 대해 감각적 정보와 감성적 정서를 상호 결합하여 새로운 차원의 의미로 융화해내는 능력이 탁월하다는 뜻이다. 그 탁월성이 문학적으로 표현되는 분야가 '시'라고 생각한다. 세면대 위의 비누를 생각해보자. 비누에 대한 감각적인 정보는 미끄럽다, 무르다, 향기롭다 정도로 나열할 수 있다. 쓰면 쓸수록 닳아 없어진다는 비누라는 물체의 성질을 제한된 인간의 수명과 연결 짓게 되면, "닳아서 사라지는 비누, 닳아서 소멸하는 시간"과 같은 문장을 만들 수 있다. '닳아서 사라지는 비누'는 평범한 문장이지만, '닳아서 소멸하는 시간'과 나란히 나열하니 보는 이로 하여금 생각을 하게 만드는 문장이 된다. 비누는 인간이 만들어낸 값싼

공산품에 불과하지만 비누의 속성에서 세계와의 공통된 연관성을 찾아내는 시선을 가질 수 있다면, 그것을 낯선 시인의 시선이라고 불러도 좋을 것이다.

바로 눈앞에 의자가 있다고 상상해보자. 사람에게 의자는 앉는 물건이지만, 관점의 주체가 의자로 옮겨가면 '앉는 것'에서 '기다리는 것'으로 그 의미가 바뀌게 된다. 이렇게 생각하면 빈 의자를 바라보며 "누구를 기다리는가"라는 문장을 간단히 만들 수 있다. 시인의 글이나 광고 카피를 보고 어떻게 저런 통찰력 있는 표현이 가능할까 하며 누구나 쉬이 감탄을 쏟아내지만, 원리는 의외로 간단하다. 약간의 연습만 거친다면 우리도 얼마든지 만들어낼 수 있다.

주위에 보이는 어떤 사물이든 좋다. 유심히 관찰하여 그 사물의 감각적인 정보들을 나열해보자. 스마트폰을 예

로 들면 이 기기의 본질적 기능은 소통이다. 외형은 손바닥 크기 정도로 작고, 액정화면은 터치방식이다. 과거에는 핸드폰으로 일 대 일 대화를 주로 했다면 오늘날의 스마트폰은 일대 다수의 커뮤니티 방식을 추구한다. 동시에 다중접속이 가능하고 언어와 지역을 초월한다. 스마트폰의 액정은 세상과 연결된 '문'이다. 즉 내 손안에 들린 스마트폰이 세상과 통하는 문이라 생각할 수 있으므로, 이를 한 문장으로 "내 손안의 세상"이라 표현할 수 있다. 이렇듯 광고 카피는 인간의 본성, 관습, 습관, 환경에 대한 관찰로부터 힌트를 얻는다.

'열심히' 하는 것과 '잘하는' 것은 또 어떤가? '열심히'는 성과를 떠나서 인정할 수 있는 것인 데 반해, '잘하는' 것은 반드시 성과와 결부된다. 따라서 열심히 하는 사람에게는 성과가 좋지 못하더라도 그 태도를 인정해 '응원'을 보내고, 잘하는 사람에게는 성과를 기준으로 결과에 대한 '존경'을 표현한다. 두 단어에 내포된 본질적인 개념의 차이를 구분하면 우리는 다음과 같은 문장에 도달하게 된다.

"열심히 하는 사람은 응원을 받지만 잘하는 사람은 존경을 받는다."

'응원'과 '존경'이라는 키워드가 문장 간의 차이를 선명히 대비시켜준다. 그래서 '아!' 하고 고개가 끄덕여지는 것이다. 단순한 문장처럼 보이지만 곱씹게 만드는 힘이 있다. 깊은 독서를 위한 필수적인 훈련이 바로 관찰이고, 관찰을 통한 쓰기다. 사물을 관찰하고 분석하는 과정에서 사물에 대한 표현력이 풍부해지는데, 이것은 사물을 바라보는 다각적인 안목이 생겼기 때문이다.

읽기와 쓰기는 결코 분리해서 생각할 수 없다. 깊이 있는 읽기, 재독의 핵심은 '관찰'이다.

감정 한 조각에서 피어나는 글쓰기

재독은 반복해서 읽는 과정이다. 읽기를 반복하는 이유는 넓게는 글 전체의 의미를 파악하고 좁게는 단어에 내재된 의미를 정밀하게 통찰하기 위함이다. 반복하는 과정에서 단어 속에 함축된 새로운 이미지들을 발견하게 된다. 이러한 발견의 흥분은 자연스럽게 글쓰기의 동기로 이어졌고, 언젠가부터 자판을 두드리는 일은 내 하루의 일부가 되었다. 의도한 일은 아니었지만 어쩌다 보니 깊은 읽기가 또 하나의 직업이 된 셈이다. 독서의 방식을 바꾼 후 내 삶의 방향도 약간은 달라졌다.

이번 장에서는 책을 읽다 불현듯 떠오른 영감(靈感)을 글로 남긴 문장들을 소개하고자 한다. 개인적으로 신기하게 생각하는 것은 순간적으로 머릿속을 점령했던 생각이 반드시 읽던 책과 관련 있는 내용은 아니었다는 것이다.

　-통증-
가슴으로 파고드는 통증이
몸 밖으로 새지 못해
산채로 박혔다

　-본심-
기쁨으로 포장된 미움이
입꼬리 끝에 슬쩍 내려앉았다.

　-까지다-
　출근길 발을 헛디뎌 보도 위를 뒹굴었다. 무릎이 화
끈거려 바지를 걷어보았더니 살이 까져 벌겋게 달아오
른 피부 속에서 진한 핏물이 배어나왔다. 누군가 육체
는 인간 존재의 외피에 지나지 않는다고 했다. 그러나
나는 그렇게 생각하지 않는다. 감정이 들어서는 입구가
피부니까. 피부는 직관이 통찰로 이어지는 최초의 문인
셈이다.

-쓴다는 것은-

글을 쓴다는 것은 반복해서 고쳐 쓰는 행위를 포괄한다. 관념은 그 수고스러움의 반복을 통해 허물을 벗고 생명력 있는 문장으로 탄생한다. 아마 노트북에 'Backspace'기능이 없다면 그 어떤 문장가라도 제대로 된 글을 완성할 수 없을 것이다. 그러고 보면 우리의 삶 역시 돌아볼 때, 비로소 한 걸음 나아갈 수 있는 것 같다.

'Backspace'

'돌아감'이란 결국 '나아감'이구나.

이 글들은 에너지를 지니고 있다. 단순한 감상이 아니라 내면에서 일어난 영감의 산물이기 때문이다. 이렇게 모아둔 글을 통해 실제 새로운 아이디어를 얻을 때가 많다. 읽기의 최종 도착점은 결국 쓰기로 이어지게 되어 있다.

낯선 세계, 시가 되다

참석자 - 독서모임 진행 도중에 시에 대한 말씀을 자주 하시는데요. 실제로 시도 잘 쓰시나요?

정훈 - 단도직입적으로 물으니 단도직입적으로 말씀드려야 겠네요. 저 혼자 즐기는 정도일 뿐이라 남에게 보여줄 만한 실력은 못 되지만, 타고난 재능은 없어도 노력으로 쓰고자 하는 편입니다.

참석자 - 재능이 없어도 노력만으로 좋은 시를 쓸 수 있나요?

정훈 - 좋은 시라는 것은 다른 게 아니라 내가 읽고 좋으면 되는 것 아닐까 합니다. 분명 한계는 있겠지만 노력만으로도 좋은 글은 얼마든지 쓸 수 있다고 생각해요. 저는 '시'야 말로 낯선 세계로 이어진 관찰의 도착점이라고 생각합니다. 관찰이란 재능보다는 노력에 가까워서 누구나 가능하다고 보는 것이죠. 그래서 시를 좋아해요.

참석자 – '낯선 세계로 이어진 관찰의 도착점이 시다'라, 근사한 말이네요. 이곳에서 관찰에 대한 이야기를 듣고부터 정말 세상을 보는 시각이 조금은 달라진 것 같아요. 재밌어요. 매주 나오기는 힘들지만 한 달에 한두 번이라도 이곳 모임에 참석할 수 있어서 정말 좋아요. 두세 시간이 금방 간다니까요.

정훈 – 시간은 상대적이지요. 말이 나왔으니 즉흥적으로 '시간'을 주제로 한 줄의 시를 만들어볼까요? 어렵게 생각하지 말고 쉽게 가볼게요. 우선 시간에 대한 글(요리)을 쓰려면 그 속성(재료)을 알아야겠죠? 시간을 분해하는 거예요. 같이 생각해볼까요?

　　시간 하면 어떤 단어가 떠오르세요? 저는 삶, 죽음, 한계, 계획, 속도, 성과……. 이런 개념이 떠오르네요. 이렇게 나열하는 동안 저는 '죽음'이란 단어에서 시간의 '유한성'

을, '삶'이라는 힌트에서는 시간의 '상대성'을 생각해봅니다. 시간은 죽음을 향해 흘러가므로 단순하게 끝이 있다는 생각을 했습니다. 그러나 세월의 유속에는 개인차가 있을 겁니다. 즐거운 순간은 열 시간이 한 시간처럼 느껴지지만, 괴로울 때는 한 시간이 열 시간처럼 느껴지니까요. 감정의 상태에 따라 삶의 속도가 달라지는 겁니다. 말하다 보니 이거 좋은데요. '감정의 속도!' 막 던지다 보면 간혹 이런 식으로 걸리는 때가 있어요. 이럴 땐 뽑기에 당첨된 것 같은 기분이죠. 자, 이렇게 정리해볼까요?

"시간은 감정의 속도다."

참석자 – 재밌는데요. 짧지만 공감이 가는 문장이에요.

정훈 – 무엇을 어디서부터 쓸까 하고 고민하면 답이 안 나와요. 그럴 때는 그냥 머릿속에 떠오르는 대상의 속성을 뜯어보고 이리저리 돌려 생각하다 보면 영감이 떠올라요. 그걸 정신의 눈으로 파고들어야 돼요. 잘 쓸 필요 없잖아요. 우리의 목적은 거창한 무엇이 아니라 낯선 세계의 발견이니까요. 부담감을 내려놓고 즐기세요.

어린아이가 되어 세상을 바라보다

정훈 - "관찰은 어떻게 하는 건가요?" 하고 묻는 분들이 있어요. 어른들은 참 이상하죠? 알면서도 물어요. 두 번, 세 번. 어려운 것도 아닌데 말이에요.

참석자 - 저도 마침 물어보려고 했어요.

정훈 - 다들 아는 얘기입니다. '어린아이가 되는 것'이죠. 관찰은 놀이의 개념이에요. 흥미로우니까 살피는 것이고, 살피다 보면 또 흥미가 깊어집니다. 이건 명백히 놀이죠. 어릴 적, 저희 집 둘째 누나는 개구리를 해부하거나 탁상시계, 손목시계, 라디오 할 것 없이 뜯어보는 것을 좋아했습니다. 하루는 그런 누나에게 조심스럽게 물었죠.

"고장이라도 나면 어떡하려고?"

그때 누나는 이렇게 말했습니다.

"다시 조립하지 못하면 어때. 그럼 이걸로 다른 걸 만들어버리면 되지."

지금 생각하면 누나의 말이 아주 창의적이란 생각이 들어요. 분해한 것은 반드시 되돌려놓아야 한다는 것이 일반적인 생각인데, 안 되면 다른 것으로 만들겠다는 발상이 당시에도 신선하게 들렸죠. 그러다 보니 놀이하는 사고가 곧 창의라는 생각이 들었습니다.

통찰과 관찰은 떼려야 뗄 수가 없습니다. 글자만 봐도 그래요. 직관의 관(觀)자와, 통찰의 찰(察)자를 합치면? 맞아요. 관찰(觀察)이 됩니다. 실제로도 직관과 통찰은 관찰로부터 비롯된다는 해석이 가능합니다. 직관이란 순간적으로 떠오르는 이미지, 감정, 영감을 말합니다. 정확히 설명할 수는 없지만 그럴 것이라는 '추정의 견해'를 갖는 것입니다. 통찰은 전체와 부분의 관계를 아울러 이해하는 관점입니다. 직관과 통찰에 힘(力)이 붙기 위해서는 가능한 많은 데이터를 수집해야만 하죠.

예를 들어 관상은 직관의 영역입니다. 인상이 좋다, 안 좋다 하는 기준은 사람마다 다를 수 있지만 보다 넓게 보

면 공통된 기준들을 찾을 수 있습니다. 곱슬머리는 고집이
세다거나, 콧방울이 크고 둥글면 복이 있다는 말이 그렇습
니다. 관상학은 오랜 기간 수많은 사람들의 생김새와 인생
사 간의 상관관계를 정리한 통계입니다. 이때 데이터가 많
으면 많을수록 확률이 높아지겠지요. 이러한 데이터들은
'관찰'의 눈에서 비롯됩니다.

　도박판이 열렸습니다. 세 사람이 한 사람을 속이기 위
해 기획된 판을 만들었습니다. 서로간의 약속만으로는 완
벽하게 속일 수 없습니다. 그들의 속임이 완벽해지기 위해
서는 상대의 습관, 말버릇, 행동, 성격에 대한 면밀한 관찰
이 선행되어야 합니다. 전체와 부분의 속성을 통합적으로
이해하기 위해서도 관찰이 필수인 것이죠.

금붕어들이여! 먹고, 기도하고, 사랑하라

작은 수조에 금붕어 두 마리를 키우고 있다. 같은 공간에서 먹고 자기를 함께하니 인간적으로 이름은 있어야겠다 싶어 한 마리는 '미래'라 지었고 한 마리는 '희망'이라 지었다.

사실 나는 집에 생명을 들이는 것을 좋아하지 않는다. 함께 살아갈 자신이 없으면 섣불리 책임져서는 안 된다 생각하기 때문이다. 어느 날 일을 마치고 들어갔더니 금붕어 두 마리가 거실 한구석의 바가지 속에서 헤엄치고 있었다. 아이들이 관상용으로 사온 것이라 했다. 아이들은 금방 뜨거워졌다 금방 식는다. 곧 방치될 녀석들의 운명이 눈에 선하게 그려졌지만 이미 물릴 도리가 없었다. 결국 금붕어 관리는 내 몫이 되었다. 종종 물을 갈아주고 먹이를 줬지만 며칠씩 출장을 다녀올 때면 수조에는 녹조가 잔뜩 끼어 있었다. 본격적인 여름이 시작되고 얼마 못 가 결국 한 마리가 배를 뒤집고 물 위로 떠올랐고, 살아남은 한 마리는 회색 침전물 아래에서 힘겹게 아가미질을 하며 가까스로 호흡하고 있었다.

무관심은 대상을 인식의 바깥에 자리하게 하는 것이어서, 실재하는 것일지라도 사라지게 만든다. 흥분이 사라진 순간 아이들에게 금붕어 두 마리는 더 이상 보이지 않는 것이 되었다. 시야에 들어오지 않으니 존재 자체를 망각했고, 이미 머릿속에 존재하지 않으니 아이들은 금붕어의 처지를 애처로워해야 할 이유가 없었다. 그러고 보면 무관심이란 잔인한 것이다.

결국 살아남은 한 마리는 지금 내 작업실 책상 위에서 헤엄치고 있다. 수조를 바꾸고 거의 죽다 살아난 녀석에게 혼자라는 외로움까지 느끼게 할 수가 없어 비슷한 몸집의 새 짝을 찾아줬다. 매일 아침 물을 갈아주고, 하루 두 번 일정한 양의 먹이를 주었더니 며칠 사이에 부쩍 생기를 찾은 모습이다.

미래와 희망은 과연 이곳에서 얼마나 살 수 있을까? 물고기는 나와 눈을 마주치는 일이 없다. 차라리 본능적으로 먹고 배설하는 것에만 집중하는 무지한 존재였으면 하고 생각한 적도 있다. 내 손에 물고기 두 마리의 운명이 달려 있다. 매일 물을 갈아주고 먹이를 주는 나라는 존재를 인식하지 못할 정도로 물고기들이 바보였으면 좋겠다. 보호하는 자와 보호받는 자의 관계를 안다는 것은 자신이 처한 상황을 인식하는 데서 명확해지기 때문이다. 물론 금붕어에게 그런 고차원적인 사고가 가능할 것이라 생각지 않는다. 그러나 모든 생명은 감정이 있고 물고기라 할지라도 위협으로부터 비롯되는 두려움은 느낀다. 녹조앙금에 갇혀 산소가 희박해질 때마다 격렬해지는 아가미질은 죽을지도 모른다는 공포심 바로 그 자체일 테니까. 그래서 미래와 희망에게는 인식의 분별이 없길 바랐다.

　미래와 희망의 삶은 우리 삶과 닮은 점이 있다. 물고기는 사람이 만든 수조 속에, 인간은 시대를 통제하는 이데올로기라는 수조 속에 갇혀 산다. 물고기에게 수조는 흔들릴 것 없는 세상이지만, 인간의 역사는 기성체제(正)의 모순과 충돌하는 저항(反) 사이에서 불안정하게 흘러온 시간(合)이었다. 인간이 금붕어와 다른 점은 '의심에 대한 합리적인 의심'을 통해 저항할 수 있는 이성과 감성을 가진 존재라는 것이다.

이성(理性)은 논리이고, 감성(感性)은 용기다. 이 두 단어가 합쳐질 때, 우리는 그것을 신념이라고 한다. 과거 우리는 책으로부터 신념을 학습했다. 정보가 독점된 중세에는 책이 권력이고 종교였으며, 신념이었다. 그 신념이 세계를 견인했고 대중은 그 뒤를 소리 없이 따라야만 했다. 그러나 더 이상 책은 추앙의 대상이 아니다. 권력과 종교로 만들어진 신념의 세계에서 땅으로 내려온 책은 개개인이 만든 세상 속으로 스며들었다. 독점되었던 책은 흔한 물건이 되었고, 흔한 책 속에는 흔한 인간들의 이야기가 채워지기 시작했다. 대중의 이야기가 모여 시대정신이 되고, 정신이 글이 되고, 글이 책이 되면서 책은 권위와 강제된 신념의 족쇄를 풀고 인간을 오롯이 담을 수 있게 되었다. 책이 책다워진 것이다. 이제 우리는 책을 통해 인간이라는 깊이를 배워나가야 한다.

나는 이 책이 소독(少讀)의 기술적인 면에 초점이 맞춰지는 것을 경계한다. 소독은 기술이라기보다 글을 대하는 철학에 가깝다. 느리게 읽고 깊이 생각하는 것, 여유 있게 읽고 사색하는 과정 속에서 인간에 대한 관심을 회복하는 것이 읽기의 본질이라 생각한다. 돈을 벌기 위해 고통받고, 고통받기 싫어서 벌어야 한다는 딜레마가 찾아오는 아침으로부터 벗어나기 위해서라도, 나의 삶을 이해하려는 노력이 필요하다. 왜! 일하는가, 왜! 사는가, 왜! 먹는가, 왜! 사랑하는가, 왜! 고통스러운가, 왜! 두려운가, 왜! 읽는가에 대한 질문과 대답은 이미 셀 수 없이 많은 명작들 속에서 살아 숨 쉬고 있다. 차분히 책을 펼치고 호흡을 따라 발걸음을 맞추는 것만으로 족하다. 우리에겐 여유를 가지고 나를 돌아볼 시간이 필요하다. 인생을 엉망으로 만드는 원인은 결핍이 아니라 과잉 때문이다. 느리게 걷는다 해서 도착이 늦어지는 것은 아니다.

글의 맺음은 감명 깊게 본 영화제목이 어울릴 것 같다. "먹고, 기도하고, 사랑하라."

오감으로 읽는 돼지고기

작은 박스에 무언가가 들어 있다. 책 없는 독서모임 참가자들에게 돌아가며 손을 넣어 보게 했다. 그리고 각자의 손끝에 전해진 정보를 바탕으로 상자 속 물건을 추측해 보도록 했다. 참가자들은 찰흙, 젤리 덩어리, 파충류 사체라는 답을 내놓았다. 모르겠다는 사람도 있었다. 나는 참가자들이 상자에 손을 넣을 때의 감정과, 손에 닿았을 때의 감정에 대해서도 물어보았다. 대부분 처음에는 호기심이 발동한 듯 얼굴에 웃음을 띠다가 상자 속 구멍으로 손을 넣는 순간부터 시선이 고정되고 인상이 굳어지기 시작했는데 대답에는 일관성이 있었다. 사람들은 잠시 동안의 체험에서 '호기심'과 '두려움'이란 감정을 느꼈다고 한다. 공포영화에서 자주 등장하는 스토리 중에 절대 들어가지 말라

는 방문을 숨죽인 채 밀고 들어서는 것은 호기심 때문이고, 어둠 속에서 조심스럽게 손을 뻗어 주변 환경을 파악하려는 태도는 시야를 가린 어둠에 대한 두려움 때문이다. 두려움은 인간의 생존을 위해 가장 우선시되는 본능이어서 위험을 감지하는 순간 신체반응을 불러일으켜 외부자극에 대응하게 한다.

상자 속 두려움의 실체는 돼지고기였다. 돼지고기를 두려워할 사람은 없겠지만 이것이 어둠 속에서 실체를 숨기면 사람은 두려움을 느낀다. 한국 사람이 가장 사랑하는 음식 중 하나가 삼겹살이고, 김치찌개, 수육, 만두 할 것 없이 널리 사용되고 있는 식재료다.

그럼에도 불구하고 참가자들 중에서 '돼지고기'라고 특정한 사람은 한 명도 없었다. 게다가 파충류 사체라고 했던 사람은 상자에서 손을 빼자마자 인상을 일그러뜨리며 손을 씻으러 나갔다.

뇌의 각 부위는 몸의 영역을 지배하고 피부를 통해 들어오는 외부정보를 인지하고 판단한다. 뇌에서는 '손'을 담당하는 부위가 기형적으로 크게 형성되어 있는데, 신체의 각 부위를 담당하는 뇌의 지배 면적에 비례해서 인간모형을 만들게 되면 다음과 같은 모습이 된다. 보는 바와 같이 뇌가 관장하는 손의 영역이 얼마나 많은 부분을 차지하고 있는지 알 수 있다.

그렇다면 돼지고기를 만져본 참가자 중 누구도 그 존재를 특정하지 못한 이유가 무엇일까? 이유는 간단하다. 촉각에 의한 구체적인 경험 정보가 그들에게 없었기 때문이다. 우리의 인식 속에서 고기는 먹는 것이지 만져서 이해할 대상이 아니었기에 촉각에 의한 경험적 정보가 희박할 수밖에 없다. 따라서 시각적인 정보를 차단하면 촉각만으로는 돼지고기를 특정할 수 없게 된다. 그렇다면 전문 요리사는 어떨까? 그들은 손의 감각만으로도 고기의 종류, 부위, 신선도까지 알아맞힌다. 전문 요리사와 일반인의 차이는 바로 경험으로 체득한 정보량에 있다.

시각에만 의존하는 사람과 달리, 오감을 활용하여 정보를 축적하는 사람은 사물에 대한 묘사가 당연히 풍부하고 세밀할 수밖에 없다. 표현력은 오감을 통해 축적한 경험에 절대적으로 비례한다고 본다. 생물학자 제라트 버메이(Geerat Vermeij)는 아주 어렸을 때 시력을 상실했지만 남은 감각기관이 협력해 눈으로 보는 것 이상의 생생한 세계의 모습을 본다고 말하기도 했다.

사물을 대할 때 하나의 감각에 의존하지 않는 직업이 있는데, 바로 '시인(詩人)'이다. 그들은 먹는 것이라 하여 미각에만 편중되지 않고, 보는 것이라 하여 시각에만 의존하지 않으며, 들린다 하여 청각에 매몰되지 않는다. 꽃을 보며 생명의 조건을 생각하고(물, 바람, 태양), 생존을 위한 의지의 표상에 주목하며(색, 향기), 저물어 사라질 때(탄생, 소멸)를 안타까워하는 것이 시인의 시선이다. 글을 읽으면 작가의 심상이 내 가슴속에서 소용돌이치는 것, 그 순간이 읽기를 넘어선 '공감'의 차원이다.

책을 읽을 때, 때로는 시인의 시선을 가질 필요가 있다. 문장 속 '떨어지는 잎새'를 눈으로만 읽는 사람과 낙엽 쌓인 가을 거리를 실제 걸어보는 사람, 나아가 떨어지는 찰나를 유심히 관찰하는 사람에게 '낙엽'은 저마다 다른 의미로 다가올 것이다.

독서모임에서 오감 독서를 하는 이유는 세상을 열린

감각으로 볼 때 발견하지 못했던 낯선 차원의 아름다움을 함께 경험하고 서로의 느낌을 공유하기 위해서다. 느닷없이 만나는 책 한 모퉁이 문장에서 숨이 턱 하고 막힐 때가 있다면, 그럴 때는 단어와 문장을 반복해서 천천히 읽어가며 글의 의미와 작가의 의도를 곱씹어보라. 그러면 글쓴이의 세세한 감정들까지 스며들 듯 다가오는 깊은 공감을 경험할 수 있을 것이다.

감탄을 넘어 작가의 시선에서 나란히 공감한다는 것. 이 얼마나 아름다운 경험인가.

고양이와 베네딕투스의 플라스크

시각은 지각으로 향하는 최소의 정보이자 최초의 관문일 뿐이다. 우리는 눈으로 보는 것이 아니라 마음이라 불리는 머리로 본다.

1894년 프랑스의 과학자 에두아르 베네딕투스(Edouard Benedictus, 1873~1930)는 자동차 충돌사고에 관한 신문을 읽다가 충돌의 순간 사방으로 날아드는 유리파편에 의해 사람들이 찔리고 절단되는 상해를 입는다는 사실을 알게 되었다. 그때부터 이 과학자는 깨지지 않는 창을 만들기 위한 연구를 시작했지만 결국 실패하고 말았다. 한참의 세월이 흐른 어느 날, 고양이 한 마리가 베네딕투스의 실험실을 휘젓고 다니다 선반 위의 플라스크를 바닥에 떨어뜨렸다.

베네딕투스는 깨진 플라스크를 치우려다 뜻밖의 광경을 목격하게 된다. 당연히 깨졌으리라 생각했던 플라스크가 깨지지 않고 금이 간 채로 형태를 유지하고 있었던 것이다. 도무지 이해가 되지 않던 그는 플라스크에 붙여 두었던 라벨을 보고서야 그 이유를 알 수 있었다. 라벨에는 셀룰로이드 용액에 대한 정보가 담겨 있었다. 플라스크 속의 셀룰로이드 용액이 마르면서 안쪽 유리면의 표면에 얇은 막이 만들어졌고, 바로 이 때문에 깨지지 않았다는 사실을 발견하게 되었다. 연구를 포기한 지 15년 만의 발견이었다. 그때부터 베네딕투스는 연구를 다시 시작했고, 안전유리 '트리플렉스'를 만들어냈다. 이때가 1909년이었다.

에두아르 베네딕투스가 연구를 포기한 지 15년 만에 유레카를 외치게 한 이 사건이 과연 우연이었을까? 그에게는 이 문제가 손에 박힌 가시처럼 늘 신경 쓰이지 않았을까? 우연은 거시적인 필연이라는 말처럼, 연구는 멈췄지만 그의 감각은 본능적으로 '무엇을', '어떻게'라는 해결책을 쫓고 있었을 것이다. 결국 우연히 눈에 들어온 한 장면이 영감으로 이어졌고 풀리지 않던 문제를 해결하는 결정적인 열쇠가 되었다.

그냥 보는 것과 주목해서 보는 것. 흘려듣는 것과 경청하는 것. 먹는 것과 음미하는 것. 만지는 것과 탐지하는 것. 읽는 것과 통찰하는 것의 결정적 차이는 의식의 스위치가 켜져 있는가, 그렇지 않은가에 달려 있다. 감각은 깨어 있는 의식의 필터링을 거칠 때 지각으로 이어진다. 나와 외부세계를 잇는 신체기관은 모두 피부에 자리하고 있다. 눈, 코, 귀, 입. 그래서 피부는 감각이 지각의 세계로 들어서는 최초의 문인 셈이다. 사람들은 눈으로 세상을 본다고 말하지만 사실 눈은 정보의 일부일 뿐 그것을 해석하는 기관은 머릿속에 있다.

한 가지 예를 들어보자. 얼마 전 회사 직원의 차에서 물건을 뺄 것이 있어서 차 키를 넘겨받고 주차장으로 내려갔다. 그의 차는 눈에 잘 띄는 빨간색이었는데 주차장 안을 몇 바퀴 뒤져도 빨간 차는 보이지 않았다. 결국 직원에게 전화를 걸어 주차구역 위치를 물어서 갔더니, 놀랍게도 자동차의 색깔은 빨간색이 아니라 하얀색이었다. 분명히 빨강으로 기억하고 있었는데 어찌된 일인지 어리둥절했다. 그런데 차 문을 열고 안으로 들어가 보니 내가 착각했던 이유를 알 것 같았다. 차량 내부가 시트부터 손잡이까지 온통 붉은 계열로 꾸며져 있었다. 언젠가 조수석에 탄 적이 있었는데 그때 빨강의 강렬함이 뇌리 속에 각인되었던 모양이다. 출퇴근하면서 몇 번 그의 차와 마주친 적이 있었음에도 나에게 그의 차는 흰색이 아니라 빨간색으로 기억되고 있었다. 시각은 지각으로 향하는 최소의 정보이자 최초의 관문일 뿐이며, 결국 눈이 아니라 머리로 본다는 깨달음을 준 사건이었다.

의식하며 사물을 바라볼 때 세상은 아름다움을 드러낸다. 책도 마찬가지다. 무엇 때문에, 왜 읽고 있으며 이것이 내 삶 어디와 맞닿아 있는지를 의식하지 않는 읽기를 하고 있다면 주목해서 보지 않는 것, 경청하지 않고 흘려듣는 것, 음미하지 않고 먹는 것, 느끼지 않고 만지는 것과 다르지 않다.

이 책이 과연 여러분에게 어떤 의미로 다가갈 것인지 저자의 입장에서도 무척 궁금하다. 책이 사람을 바꾸는 것이 아니라, 책을 읽는 태도가 사람을 변화시킨다는 사실을 기억했으면 한다. 이 책이 냄비받침이 아니라 생각을 좇는 실마리가 되길 바란다.

어촌마을에서 만난 미인의 잠결

언젠가 동해의 한적한 어촌마을을 산책하던 중에 바다가 한눈에 내려보이겠다 싶을 만큼 근사한 바위산에 오른 적이 있다. 짙은 회색빛의 돌무더기 틈을 따라 오르던 중에 소금바람을 타고 날아든 아찔한 향기가 코끝을 스쳤다. 주위엔 듬성듬성 뿌리를 내린 키 낮은 소나무와 바위만 보일 뿐이어서 향기의 근원지가 어딘지 궁금했다. 불어오는 바람을 따라 비좁은 길을 올라가다 보니, 곧 회색 바위 틈 사이에 핀 선홍빛 꽃무리가 눈에 들어왔다. 다가갈수록 향이 진해졌는데 꽃잎 가까이 코를 대니, 순간 머리가 아찔해져왔다. 마침 마을사람이 지나가기에 꽃 이름을 물었더니 '해당화'라고 했다. 그때까지 해당화에 대해 아는 것이 전혀 없었다는 사실을 눈앞에서 마주치고서야 깨달았다.

동해바다의 척박한 바위틈에 뿌리를 내린 여린 꽃은 해풍에 맞서 도도한 자태를 뽐내고 있었는데 선홍의 빛깔이 어찌나 곱고 향이 달달하던지 욕심 같아서는 한 송이쯤 꺾어오고 싶었다. 해당화의 꽃말이 '미인의 잠결'이라고 하는 이유를 알 것 같았다.

꽃을 마주하고 바위에 걸터앉아 습관적으로 해당화의 부분과 전체를 눈으로 뜯어보며 관찰하듯 감상했다. 미끄러질 듯 윤기 나는 초록의 잎사귀와 부드러운 실크처럼 은은하게 감도는 선홍빛 꽃잎이 검은  회색 바위와 선명한 대비를 이루는 자태를 보고 있자니 몽롱한 취기가 올라오는 듯했다.

세상에 많고 많은 꽃들이 있지만 머릿속에 존재하는 몇몇 종을 제외하면 거의 대부분은 이름 없는 꽃으로 피고 진다. 알지 못하면 부를 수 없고, 불리지 못하면 꽃은 끝끝내 이름을 갖지 못한 채 지고 만다. 꽃은 암술과 수술이 따로 있어서 자력으로 수정할 수 없기에 향기를 뿌려 벌과 나비를 끌어들인다. 화려한 선홍빛을 띠는 이유 역시 이와 같다. 소금바람을 타고 나에게로 날아온 향기는 자신의 이름을 불러달라는 생의 의지였을 것이다.

'해당화가 곱게 핀~'으로 시작하는 〈바닷가에서〉라는 동요를 모르는 이 없겠지만, 곡에 등장하는 해당화의 선홍빛 꽃잎과 매혹적인 향기를 떠올릴 수 있는 사람은 과연 얼마나 될까? 이처럼 본다는 것과 관찰한다는 것은 사물을 향한 시선의 방향과 깊이가 다르다. 관심을 가지고 살펴보지 않는 한 세상 곳곳에 뿌리내린 해당화는 이름 없는 들꽃으로 사라지게 될 것이다. 매일, 매순간⋯⋯.

머리와 가슴이 동시에 울리는 순간들

참석자 – 보통은 몸으로 느낀다고 말하는데 몸으로 읽는다는 어감이 매우 신선했습니다. 몸으로 느끼는 것과, 읽는 것에 어떤 뉘앙스의 차이가 감지되기는 하는데 그걸 말로 표현하기가 어렵네요. 어떤 차이가 있을까요?

정훈 – 한마디로 읽는다는 것은 적극적인 능동이고, 느낀다는 것은 수동적인 태도죠. 읽는다는 것은 생각의 끝이 예민해져 있는 상태이고, 느낀다는 것은 반대로 넉넉히 오픈된 상태인 것입니다. 갑자기 정전이 되면 사람들은 어둠을 느끼게 됩니다. 자신의 의지와는 상관없어요. 그런데 초를 찾기 위해서 더듬거리며 서랍의 위치를 가늠하고 조심스럽게 한 발씩 내딛을 때 나의 말초신경은 곤두섭니다. 사물의 방향을 손끝의 감촉과 소리로 알아차려야 하니까요. 이건 몸이 환경을 적극적으로 읽는 것이죠.

^{참석자} – 평상시에 몸으로 읽기 위한 어떤 훈련을 하시나요? 특별한 준비가 필요하거나 그런가요?

^{정훈} – 아니요. 특별할 건 없어요. 지금의 자리에서 그저 조용히 그리고 매우 유심히 살펴보는 것만으로도 가능합니다. 예를 들어 '나'와 '너'라는 글자를 잘 보세요. '나'는 모음 획이 밖으로 향합니다. 발음을 해보면 입이 벌어지면서 시원한 소리가 밖으로 쏟아지듯 울립니다. 반대로 '너'라는 글자는 획이 안으로 향합니다. 그러다 보니 발음할 때 입술이 약간 오므라들면서 소리를 안으로 먹습니다. 두 소리의 성질과 마찬가지로 '나'와 '너'를 규정하는 우리 사회의 통념도 다르지 않습니다. '나'는 밖으로 드러내야 하는 개념인 반면에 '너'는 안으로 받아들이는 개념으로 인식되고 있으니까요. 글자를 눈으로 읽을 때는 생각지 못했던 사실을 목의 발성을 통해 새롭게 고찰할 수 있게 된 것이죠. 사실 저도 방금 생각해본 것인데 덕분에 흥미로운 사실을 발견했네요.

참석자 - 와! 그런 발견이 재미있기도 하고, 바로바로 사례를 찾아내고 적용한다는 것이 신기하기도 하네요.

정훈 - 연습하면 누구나 할 수 있습니다. 주위 환경을 낯선 시각으로 읽으려는 자세만 유지하면 누구나 할 수 있어요. 직업이 콘텐츠를 기획하는 일이다 보니 평소 이런 식으로 생각하는 훈련을 지속해온 것이 도움이 되었습니다.

참석자 - 방금 말씀하신 '나'와 '너'에 대한 이야기를 종이 위에 옮겨 놓으면 좋은 글 한 편이 되는 거네요. 이런 것이 결국 책의 소재가 되는 것이군요. 잘 읽으면 잘 생각하게 되고, 잘 생각하면 잘 쓸 수밖에 없다고 하신 말씀을 이해할 것 같아요. '나'와 '너'란 단어의 고찰을 논리적으로 설명하셔서 공감이 됐는데, 이것이 이해의 차원에만 머무는 것이 아니라 가슴을 울리는 뭔가가 있네요.

정훈 - 맞아요. 머리와 가슴이 동시에 울릴 때 안다고 말할 수 있을 것 같아요. 깨어 있는 분들이셔서 받아들이는 게 빠르시네요.

3장

10권의 책으로
1,000권의 효과를
얻다

"읽는 인간은 반드시 행복해야 한다"

안녕하지 못한 세상에서, 책을 여행하다

얼마 전 대학가 담벼락에 붙은 대자보 한 장에 카메라 초점이 맞춰졌다. 대자보는 브라운관을 타고 퍼져나갔고 대한민국 사회는 멀미가 나도록 출렁거렸다.

'안녕들 하십니까?' 간결하지만 시대의 그림자가 짙게 드리워진 인상적인 한 문장이었다. 우리 역사를 통틀어 과연 안녕하면서 살 수 있었던 시절이 얼마나 될까? 전쟁과 외세의 침략에 늘 몸살을 앓았던 조선의 역사, 왕조가 몰락하고 일제로부터 광복을 되찾아온 지 70년이 지났지만, 성난 대자보는 여전히 우리에게 대한민국의 안녕을 묻는다.

'그래, 우린 안녕하지 않다.'

독서 이야기를 하다 갑자기 삼천포로 빠지는 이유가 궁금할 것 같아 첨언한다. 나는 독서를 자기계발 차원에서 이야기하고 있는데, 살인적인 독서량을 자랑하는 비정상적인 열정과 또 기형적 비전을 조장하는 사회적 분위기가 결국 안녕하지 않은 대한민국에서 비롯된 것이라 보고 있다.

'안녕하지 않은 시대일수록 사회는 그 책임을 나에게 돌린다.'

내가 다독의 맹신에서 벗어나서 나다운 독서의 길을 찾을 수 있었던 것은 언젠가부터 책을 조장하는 그 분위기 속에 휩쓸려 허우적거리고 있던 나를 발견했기 때문이다.

'어떻게 읽었는가?'에 대한 감상보다 '얼마나 읽었는가?'를 과시하듯 드러내는 사람들의 심리는 어떻게든 경쟁의 우위에 서고자 하는 불안함이 밖으로 표출된 현상이 아닌가 생각한다. 불안한 사회일수록 경쟁은 치열할 수밖에 없다. 직장인이건 자영업자이건 육아를 책임지는 주부이건 그들은 각자의 자리에서 저마다의 경쟁에 몰두한다. 이때 책은 그들의 경쟁에 힘을 더하는 수단이 되기도 하고, 소유함으로써 안도하는 심리적인 안정제의 역할을 하기도 한다.

"늘, 언제나, 나는 나에게 불만족한다."

SNS를 통해서 알게 된 지인의 대문에 올라온 한 문장이다. 그는 짧은 몇 줄을 써가는 중에도 왜 더 치열하지 못한지, 왜 더 열심히 살지 못하는지 스스로를 숨 막히게 내몬다. 나는 그의 글 말미에 이어 댓글을 달아야만 할 것 같았다.

"밀어 넣기만 하면 터집니다. 선생님에게 필요한 것은 노력이 아니라 욕망을 내려놓는 것이라 생각됩니다. 세상은 정신을 지나치게 강조하지만 정신을 담아내는 그릇인 몸 또한 중요합니다. 조금 여유를 갖고 천천히 가도 좋지 않을까요? 몸은 마음의 집이니까요."

그의 '열심'은 불안에서 기인하는 것이다. 읽기도 다르지 않다. 불안을 해소하기 위한 수단으로써 책을 유흥하거나, 무리한 독서를 하게 되면 피로만 쌓이다 결국 스스로 책을 버리게 된다.

바쁜 현대인인 나에게도 자유로운 시간은 매우 제한적이다. 그러나 퇴근 후 저녁 식사를 기다리며 축 늘어진 상태로 TV를 보거나, 아내와 맥주를 마시는 잠깐의 즐거운 시간을 인상을 써가며 어려운 책을 읽는 데 할애하는 멍청한 짓을 하지는 않는다.

'쉼을 미안해해야 하는 세상이 정상인가?'

기본적으로 삶이 행복하기 위해서는 잘 놀고 잘 쉬어야 한다. 논다는 것은 힘을 빼고 자유롭게 행동하는 것이다. 그런 놀이의 순간이야말로 우리가 삶을 영위해나가는 순간의 목표이자 동시에 장기적인 목적이다. 친구와 산책을 하고, 연인을 위해 이벤트를 준비하고, 사랑을 고백하고, 실연의 상처를 술로 푸는 순간이 인생이고 우리는 그 빛나는 장면들을 위해 일을 하는 것이라 생각한다.

안녕하지 못한 세상에서 행복을 잃지 않는 방법은 육체와 정신이 즐길 수 있는 한계를 넘어서지 않는 것이다. 새벽 6시에 일어나서 밤 9시에 귀가하는 그대에게 지금 무엇보다 필요한 것은 쉼이다. 부담을 내려놓는 것이다. 몸을 편안히 하고, 부들부들한 마음의 여유를 유지한 상태가 되었다면 그때, 한 권의 책을 집어 펼쳐보길 바란다. 읽어야 한다는 부담을 버리면 의무감이 사라지니 즐거움이 찾아온다. 읽기의 가장 기본 단계는 책의 즐거움을 회복하는 것이다. 그런 다음 낯선 곳을 여행하듯 여행자의 시선으로 천천히 느긋하게 즐기듯 읽는 것이다. 책 속에서 바다를 만났다면 작가의 바다를 유영하며 당신의 바다를 그려보라. 수평선 노을의 끝자락을 타고 몰려오는 아득한 어둠과 그 위로 떨어지는 별의 장단을 바라보라. 한 문장에 사로잡혀 어쩔 줄 몰라 하는 순결한 그대를 발견하라. 그저 즐거워하라.

나는 책에 대한 부담이 전혀 없다(少讀). 읽다가 한 달이

걸릴 수도 있고 어쩌면 더 걸릴지도 모른다. 시간을 버리니 그렇게 편하고 즐거울 수가 없다(心讀). 느리게 읽다 보니 그 속에서 일어나는 궁금증들을 호기심 가득한 시선으로 찾아가며 읽게 된다(探讀). 내몰리지 않으니 즐겁고, 그 과정이 무리 없이 자연스럽다. 때가 되면 알을 낳는 암탉처럼 글이 안으로 쌓여 절로 충실한 결과를 낳는다(熟讀).

김훈 작가의 《칼의 노래》를 한 달 넘게 읽고 있다. 이 책을 읽는 동안 책 속에서 뽑아낸 주옥 같은 문장들을 독서노트에 한 줄 한 줄 옮겨가며 적었고, 남쪽 지방의 낯선 지명들이 나올 때마다 지도를 출력해 붙이고 확인해가며 읽었다. 이 책을 완독할 즈음이면 《칼의 노래》를 정밀하게 해부한 한 권의 노트가 완성될 것이다.

벌써부터 남해로 떠날 생각에 가슴이 두근거린다. 조만간 《칼의 노래》와 함께 유랑한 작가의 족적을 좇아 문장 속의 세계로 직접 찾아가볼 생각이다. 글 속에 펼쳐진 거제, 통영, 진도로 이어지는 해안의 너울을 좇아가며 칼날같이 일어선 파도와 거친 소금바람을 온몸으로 확인해볼 것이다. 책을 온몸으로 읽는 것이다.

온몸으로 읽으려면 느리게 읽어야 하고, 느리게 읽기 위해서는 적게 읽어야만 한다. 적게 읽기 위해서는 욕심을 버려야 하고, 욕심을 버리기 위해서는 불안해지지 말아야 한다. 불안해지지 않으려면 자신을 경쟁에 내몰지 않아야 하며, 그러기 위해서는 너그러워져야 한다. 행복할 수 있는 일상의 순간을 온전히 즐길 수 있어야 한다.

퇴근 후 아내와 나누는 맥주 한 잔의 행복을 포기한 대가로 얻은 것이, 밤으로 이어지는 치열한 독서라면 단언컨대 그대는 지금 사람과 꿈, 둘 다 잃고 있는지도 모른다. 일은 행복한 내 삶을 위해 부리는 충실한 종이어야만 한다. 일이 주인이 되면 인생이 피곤해진다. 독서도 마찬가지.

가끔 책에 이끌려 짐을 쌀 때가 있다. 퇴근길에 차를 돌려 동해로 남해로 일탈하는 순간의 벅찬 감격이란 이루 말할 수 없다. 잠시 호흡도 고를 겸 책 여행을 떠나기에 적합한 국내외 도서를 추천한다. 책의 배경이 곧 여행지가 되는 책도 있지만, 꼭 그 장소가 아니더라도 어느 바다 노을을 벗 삼아 읽기 좋은 책도 포함했다.

1. 김훈 - 《칼의 노래》

《칼의 노래》는 조정의 출정 명령을 어겼다는 이유로 백의종군하게 된 이순신이 노량에서 전사하기까지의 이야기를 그리고 있다. 되돌릴 수 없는 운명의 배에 오른 그의 고뇌 뒤로 내 눈에 들어온 것은 날 선 파도, 해풍, 해안선, 한눈에 들어오는 아득한 바다의 전장이었다. 그를 이해하기 위해서 그가 바라본 바다를 보지 않고서는 안 되겠다는 생각이 들었다. 거제, 통영, 진도를 차로 달리고 발로 걷는 동안 내내 뭉클했고 내내 뜨거웠다.

2. 김훈 - 《자전거 여행》 1, 2

몇 해 전 《자전거 여행》 1권을 읽다가 덜컥 자전거를 샀다. 차가 아닌 자전거의 속도로 본 세상은 신비롭고 낯설게 다가왔다. 이 책은 떠나고 싶은데 떠날 수 없을 때 읽는다. 그럼 잠시 잠깐 여행을 다녀온 기분이 든다. 위로가 된다.

3. 유홍준 - 《나의 문화유산 답사기》

백 마디 설명보다 이 한 문장이면 충분하리라 생각한다. "사랑하면 알게 되고, 알게 되면 보이나니, 그때 보이는 것은 전과 같지 않으리라."

4. 곽재구 - 《포구기행》

"배들의 이름에는 선주들의 꿈이 고스란히 담겨 있다. 선주들은 자신의 배에 어린 시절 고향 동리의 이름을 새기기도 하고 젊은 날 자신이 사랑했던 연인의 이름이나 술 이름을 적어놓은 로맨티시스트도 있다. 먼 이국의 항구 이름을 따오기도 하고……. 그 이름들의 의미를 다 모아놓으면 그것이 그대로 한 포구가 지닌 그리움의 실체가 되리라." 이 책을 읽고 난 후 고향 바다를 찾았다. 포구에 애정을 갖게 되자 지금껏 보이지 않던 것들이 보이기 시작했다. 늙은 배들의 이름과 그 이름을 붙인 늙은 어부들의 이야기가.

5. 류시화 -《하늘 호수로 떠난 여행》

그대가 살아온 삶은
그대가 살지 않은 삶이니
이제 자기의 문에 이르기 위해 그대는
수많은 열리지 않는 문들을 두드려야 하리
자기 자신과 만나기 위해
모든 이정표에게 길을 물어야 하리
길은 또 다른 길을 가리키고
세상의 나무 밑이 그대의 여인숙이 되리라
별들이 구멍 뚫린 담요 속으로 그대를 들여다보리라
그대는 잠들고 낯선 나라에서

모국어로 꿈을 꾸리라
  -여행자를 위한 서시 중에서-

이 시는 여행자의 달밤과 동행해야 할 '시'라는 데 이견이 없을 것이라 생각한다. 한 줄만으로도 심장이 꽉 찬다.

6. 허영만 - 《자전거 식객》

자전거 여행을 꿈꾸는 분들이라면 한 번쯤 읽어볼 가치가 있는 책이다. 책 속에는 수려한 해안선과 그 고장만의 특별한 맛을 찾아 나선 자전거 여행이 고스란히 담겨 있다. 자전거만의 속도로 시골길, 논두렁 농가의 샛길, 해안의 숨은 길을 찾아가며 발길 닿는 곳에서 만나는 그 고장 서민들의 소박한 밥상을 소개한다.

7. 에쿠니 가오리 - 《냉정과 열정 사이》

준세이 그리고 아오이가 사랑한 도시, 이탈리아 피렌체를 중심으로 펼쳐진 사랑 이야기다. 이 책의 진짜 주인공은 '피렌체'가 아니었을까 싶을 정도로, 이탈리아 피렌체를 진하게 새겨놓았다.

책장 너머에서 불어오는 바람을 느끼다

참석자 – 책을 여행한다고 말씀하셨을 때 근사하단 생각을 했습니다. 지금까지 책을 읽으면서 직접 가볼 생각은 왜 못 했을까요?《칼의 노래》를 읽고 배경이 된 경상도와 전라도 해안을 여행하신 이야기가 깊이 다가왔습니다. 직접 가보시니 어떻던가요?

정훈 – 말로는 형용하기 힘든 벅참이 있습니다. 책 여행은 적극 추천합니다. 책을 쓰는 것은 작가지만 글을 읽고 이미지로 재해석하는 것은 독자의 몫이지요. 그러니 작가와 독자 사이에 간극이 생길 수 있어요. 가령 사람들에게 색연필을 주고 사과를 그려보라고 하면 전부 다른 사과를 그릴 거예요. 비슷하지만 분명히 다르죠. 왜 그럴까요?

^{참석자} - 그건 사과에 대한 개개인의 경험 정보가 달라서 그런 것 아닐까요?

^{정훈} - 맞아요. 부연 설명을 하자면, '사과' 하면 머릿속에 당장 떠오르는 이미지가 있을 겁니다. 사과 하나만 놓고 보더라도 그 안에 얼마나 많은 정보가 담겨 있을까요? 빨강 사과, 노란 사과, 초록 사과, 매끈한 사과, 무른 사과, 달콤한 사과⋯⋯. 그런데 이 정보들을 전달할 때 이미지로는 전달이 불가능합니다. 그래서 이 이미지들을 '사과'라는 하나의 개념으로 묶는 것입니다. 이처럼 개념은 이미지를 압축한 정보입니다. 우리는 저자가 쓴 글을 내 삶의 캔버스 위에 쏟아놓습니다. 그러면 그 안에서 자유롭게 이미지가 그려집니다. 한마디로 재해석의 과정을 거치는 것이죠. 책을 통해 내 머릿속에 그려지는 것은 그의 세상이 아니라 내가 만들어낸 세상입니다. 그래서 기회가 되면 저자가 그린 세상을 직접 만나러 책 여행을 떠납니다. 궁금하니까요.

저자가 책 속에서 자신만의 색으로 그려냈던 현실의 숲과 나무, 바람과 바다를 온몸으로 읽어보세요. 지금껏 느껴보지 못한 차원의 읽기를 경험하게 되실 겁니다.

다수의, 다수에 의한, 다수를 위한 책은 이제 그만

내가 자연을 찾는 이유는 그곳에 산이, 혹은 바다가 있어서가 아니라, 그곳에서는 산 이외의 것을 찾을 수 없고, 바다 이외의 것을 동경할 수 없는 여백 때문이다. 여백은 자연을 규정하는 근본이자 아름다움의 올바른 해석이다. 팍팍한 세상은 그런 자연에 목마르다. 여백으로 기운 인간의 갈망은 중력을 따라 아래로 흐르는 물처럼 지극히 자연스러운 것이다.

시선을 이 책의 주제로 돌려보자. 읽는다는 행위 역시 자연스러움이 기본이 되어야 한다. 책이 산이면 책 읽기는 여백을 아울러 관망하는 '사색'이다. 문제의 원인은 조급히 산을 정복하려는 욕망에 있다. 어느 순간부터 책 읽기 자체에 의무감을 느낀다거나 읽어가는 즐거움을 잃어버렸다면 당신에게 책은 어떤 목표를 이루기 위한 도구로써 받아들여지고 있는 것인지도 모른다. 즐길 수 없는 책들은 '경쟁'을 전제하는데, 욕망과 경쟁은 동전의 양면과 같아서 흥분과 불안이 동시에 마음의 중심을 차지한다. 긴장과 조급함의 힘으로 읽어나가는 책들, 그러니까 수험서나 자격증 관련 전문서, 어학서와 같은 책에 '독서'라는 단어의 뉘앙스는 무척 어색하다. 경쟁하기 위한 책은 수직적 목표 달성을 위해 매우 전투적인 데 반해 '독서'라 부를 수 있는 책은 힘을 빼고 감상하듯 읽어가는 수평적 '사색'을 유지해야 한다.

만약 당신이 생각을 요하는 책을 경쟁하듯 거칠게 읽고 있다면 지금의 독서습관에 대한 자가진단이 필요한 시점이다. 문제의 원인을 파악하기 위한 간단한 방법이 있는데, 그것은 당신의 책장을 점검해 보는 것이다. 책장에 꽂힌 책들의 상태를 확인하는 것만으로도 책을 대하는 마음가짐을 확인할 수 있다.

대학 시절 읽었던 전공 서적, 오며 가며 틈틈이 사다둔 '읽을 책', 거기에 잡지며 내용이 겹치는 자기계발 서적까지, 벽면을 메우고 있는 '읽은 책'은 이미 읽었으므로 더 이상 '읽지 않을 책'이라 생각하는 것이 옳을 것이고, 책장에 꽂힌 이후로 한 해가 가도록 여전히 '읽을 책'으로 남은 책 역시 앞으로도 읽지 않을 책이라 인정하는 편이 옳다. 읽지 않은 책이 읽은 책보다 많을 경우, 이런 사람은 읽을 책이 있음에도 불구하고 때가 되면 습관적으로 새 책을 안고 들어온다. 책을 유흥하는 사람의 특징이다. 사실 그들의 책장을 살펴보면 대개는 읽은 책보다는 읽지 않은 책이 더 많다. 그들에게 책을 무리해서 사는 이유를 물어보면 대답이 한결같다.

"다들 좋은 책이라고 하니까."

"베스트셀러니까."

위의 질문을 통해 책을 선택하는 사람들의 심리를 엿볼 수 있다. 그들이 책을 고르는 기준은 '다수의 선택'이었다. 다수가 소유한 것을 갖지 못한 데서 오는 불안감이 선택의 자유를 의무로 만들어버렸는지도 모른다.

이제 질문을 자신에게 돌려보길 바란다. '과연 나의 선택은 다수로부터 자유로웠던 적이 있었나?' 진학이 그랬고, 취업이 그랬고, 결혼이 그랬고, 꿈이 그랬다. 그 거대한 휩쓸림에 선택의 여지란 없었다. 그럼에도 불구하고 세상은 문제의 책임을 개인에게 돌린다. 안타깝게도 사람들은 여전히 노력 이상의 노력과 인내 이상의 인내로 순응하며 살아간다.

한쪽으로 치우치도록 설계된 선택 아닌 선택의 기로에서 내려야 할 당신의 결정은 스스로의 선택에 의한 것이라기보다는 애초에 예정된 것이었다고 해야 옳다.

선택할 수 없는 결정을 사회는 '의무'라고 부른다. 우리는 선택해온 것이 아니라 의무를 다해온 것일 수도 있다. 그런 차원에서 보자면 우리 사회가 다독의 강박에 시달리게 된 것도 스펙과 경쟁이 초래한 예정된 선택일지 모른다. 우리가 책의 강박으로부터 자유로워질 수 있는 가장 확실한 방법은 그 원인을 눈앞에서 제거하는 것이다.

먼저 과감히 책장 속의 책들을 버리자. 읽었던 책과 읽지 않을 책을 눈앞에서 정리하자. 6개월 이상 읽지 않은 책은 앞으로도 읽지 않게 될 가능성이 크다. 그런 책은 책장에 머무를수록 마음이 더 눅눅해질 뿐이다. 얼마 전 사무실을 정리하면서 중고서점에 책을 가져다 팔았다. 그 돈으로 근사한 저녁 한 끼 잘 먹었다. 손대지 않을 책 모시느니 팔아서 식구들 먹일 찬거리를 사는 것이 백번은 남는 장사다.

읽지 않는 책은 폐지다. 도저히 미련이 남아 버리기 힘든 책은 상자에 담아 눈에 띄지 않는 곳에 잘 보관하자. 책장을 비우고 나면 자신에게 선언하라. 더는 책을 욕망하지 않겠노라고, 책을 유흥하지 않겠노라고.

행복한 읽기를 위한 준비

• 즐기는 마음을 회복할 것.
• 집에 읽을 책이 있다면 더는 책을 사지 말 것.
• 책장에서 버릴 책은 과감히 정리할 것(잡지, 전공 서적, 6개월 이상 손대지 않은 책. 특히 장기간 꺼낸 적 없으면서 상당한 자리를 차지하는 백과사전, 문학전집은 처분 1순위. 언젠가는 읽는다는 생각을 버릴 것. 지금까지 읽지 않았으면 앞으로도 읽을 가능성 희박함. 자녀한테 물려준다는 생각도 부질없음).
• 방을 정리하여 차분히 읽을 수 있는 읽기 공간을 만들 것.
• 하루 10분이라도 규칙적으로 읽을 수 있는 장소와 시간을 정해볼 것. 절대 욕심을 내어서는 안 되며 무리 없는 선에서 계획할 것.

정말 읽고 싶은 책만 읽어도 괜찮다

책과 강연
13

참석자 - 강의 중에 책을 유흥한다는 말씀을 듣고 순간 움찔했습니다. 듣다 보니 저 역시도 어느 순간부터 쇼핑하듯 책을 사모으고 있더군요. 읽는다는 것은 수직적인 것이 아니라 수평적인 '사색'이 전제되어야 한다는 말씀에 공감되면서 한편으로는 부끄럽기도 합니다.

정훈 - 사람들이 책을 쇼핑하는 태도를 취하게 된 것은 사회에 팽배한 불안이 원인입니다. 그러니 자책하실 필요는 없어요. 요즘같이 어려운 시절에 넉넉하게 사는 사람이 얼마나 될까요? 저마다 삶의 고민을 안은 채 진학하고, 취업하고, 결혼하는 것이겠지요. 어려운 환경 속에서도 꿈을 가지고 인생의 단계를 밟아가는 이유는 '그래도 희망이 있다'는 소망 때문일 겁니다. 넉넉하진 못하지만 책이라도 사서 읽어야겠다는 결심을 행동으로 옮기신 것만으로도 스스로를 칭찬할 만합니다.

참석자 - 선생님께서 책을 버리라고 하셨는데, 버리는 것이 정말 옳을까요?

정훈 - 댁에 돌아가시면 거실에 책장이 있죠?

참석자 - 네

정훈 - 보면 어떤 생각이 드세요?

참석자 - 그냥, 좀 답답하고……. 언제 읽나 하는 생각이 들 때도 있지만 막상 작정하고 읽지는 않아요. 은근히 스트레스만 받죠.

정훈 - 대학의 전공 서적이나 학창시절 샀던 전집을 아직 가지고 계세요?

참석자 - 네.

정훈 - 오래전 읽었던 소설책이며 비슷비슷한 자기계발서, 그리고 매번 습관적으로 사 모은 책이 가득하다 하셨지요?

참석자 - 네.

정훈 - 제 경험상으로는 6개월 이상 손이 가지 않은 물건은 앞으로도 읽을 확률이 거의 없다고 보시면 됩니다. 눈앞에서 사라지면 잊게 됩니다. 반대로 자꾸 시야에 머물고 있으면 집착하게 되지요. 책을 버리면 손해라 여겨지시죠?

참석자 - 아무래도 아깝기도 하죠.

정훈 - 책을 버리고 기회를 보상받는다 생각해보세요. 새롭게 시작할 기회를 보상받는 것이 책이라는 스트레스보다 낫지 않나요? 책장을 정리하면서 무리한 욕망도 함께 정리하는 겁니다. 깨끗해진 빈 책장을 상상해보세요. 그리고 다시 시작한다는 기분으로 본인이 읽고 싶었던 책의 리스트를 작성해보세요. 1년에 한 권이면 어때요. 얼마나 읽느냐보다 어떻게 읽느냐가 중요합니다.

한 해에 신간만 5만여 권이 나옵니다. 어차피 우리는 이 책들을 다 읽을 수도 없어요. 책의 수명이 길었던 시절과 지금은 신간의 개념이 다릅니다. 거의 대부분의 책은 출간되고 한 달이면 사라집니다. 그러니 신간이나 베스트셀러라는 요란함에 휘둘릴 것이 아니라, 내가 읽고 싶은 책에 집중하는 편이 좋습니다. 그래야 읽기가 즐겁죠. 즐거워야 배움이 있습니다.

참석자 - 그렇게 많은 책이 쏟아지고 있는 줄은 몰랐어요. 정말 많네요.

정훈 - 요즘같이 어려운 때일수록 인생의 무게중심을 잘 잡는 것이 중요합니다. 독서도 마찬가지예요. 새로운 책을 기다리지 마시고, 이미 나온 책들 중에서 정말 읽고 싶었던 책, 그리고 오래도록 독자로부터 사랑받는 책을 중심으로 즐기면서 읽는 습관을 들여보세요.

10권 읽고 1,000권의 효과를 보는
단계별 독서법

    독서에 관해 자주 받는 질문이 있다. 책을 적게 읽는다고 하는데 한 권의 책을 몇 번 반복해서 읽느냐는 것이다. 횟수는 중요하지 않다. 책마다 다르니까. 읽고 싶어서 집어든 책이라 할지라도 내용에 따라서 한 시간 안에 완독하는 책이 있고, 읽다 던져버리는 책도 있고, 한 달 이상을 끌어가며 파고드는 책도 있다. 정말 배신감이 드는 책이 아니고서는 기본적으로 세 번을 읽는다. 단, 여행기나 역사를 다룬 책의 경우 배경이 된 장소들을 직접 찾아다니며 오감으로 읽기 때문에 이 경우는 네 번을 읽게 되는 셈이다. 책을 반복해서 읽는다는 것은 반론의 여지가 없는 최고의 읽기 습관이다.

활자 중독이라 할 만큼 책을 가까이했던 세종대왕은 시각장애인이었다. 어려서부터 안질을 앓아왔던 세종은 책을 손에서 놓으면 불안해할 정도로 책을 가까이 했다. 이를 염려한 아버지 태종이 방에 있는 책을 모두 거두어 가려고 하자, 책을 빼앗길까 두려웠던 세종은 품 안에 책을 숨겨두고 아버지의 눈을 피해 너덜너덜해질 정도로 반복해서 읽었다고 한다. 처음 읽었을 때는 안다고 생각했던 내용이 백 번을 읽고 나니 진정 그 뜻이 보인다고 했다는 세종의 경험담은 '양'이 아니라 '깊이'에 읽기의 답이 있음을 단적으로 보여주는 사례라 하겠다.

그렇다고 책을 적게 읽고 천천히 읽는 것 자체가 차별화된 독서법이 될 수는 없다. 지금부터 1년에 단 십여 권을 읽는 것만으로 1,000권 이상의 독서량에 필적한 효과를 얻을 수 있는 단계별 독서법에 대해 알아보도록 하자.

소독(少讀)의 기본은 정독이다. 정독의 핵심은 템포다. 느려서 답답하지도, 빨라서 조급하지도 않은 편안하고 안정된 상태를 말하는 것이다. 마치 계획 없이 떠나온 여행자의 가벼운 발걸음 같은…….

책을 펴면 처음 마주치는 장이 '프롤로그'다. 책을 읽는다는 사람들 중에서도 프롤로그를 건너뛰고 읽는 경우를 종종 본다. 프롤로그는 본문의 예고편으로 책 전체를 관통하는 저자의 의도를 엿볼 수 있는 중요한 단서를 제공한다. 나 같은 경우는 책을 쓸 때 프롤로그를 마지막까지 고쳐 쓴다. 그만큼 프롤로그는 중요하다.

다음으로 등장하는 것이 목차다. 목차는 책을 읽기 전, 내용을 이해하거나 짐작하는 데 매우 도움이 된다. 문학도서일 경우 줄거리를 대략적으로라도 짐작할 수 있고, 역사·철학과 같은 비문학일 경우 내가 가진 배경지식과 연관지어가며 책 읽기의 흥미와 깊이를 더할 수도 있다. 특히 전체 목차의 핵심을 중심으로 짧은 문장을 만드는 연습을 하다 보면 목차를 읽어내는 힘이 생긴다.

본문으로 들어가면 뇌리에 박히는 단어, 문장을 그 즉시 밑줄 그어가며 읽기를 권한다. 특히나 중요하다 생각되는 부분은 포스트잇을 붙여가며 읽으면 좋다. 언뜻 상식적인 이야기로 비칠 수 있지만, 상식이 습관으로 이어지는 사람은 생각보다 많지 않다. 줄을 긋는 것은 충분히 생각하고 넘어갈 시간적 여유가 없기 때문에 일단 표식을 남기는 것이다. 표식은 돌아오기 위한 길잡이이자 돌아오겠다는 자신과의 약속이다.

첫 번째 읽는 과정에서는 독서노트를 사용하지 않는

다. 펜과 포스트잇만을 활용하고 정상적인 속도로 전체를 읽어나가는 데 초점을 맞춘다. 정상적인 속도라 함은, 자신의 독서력이 기준되어야 한다. 무리 없이 꾸준할 수 있다면 하루 30분이 아니라 10분을 읽어도 좋다. 또한 읽는 과정에서 문득 떠오르는 아이디어나 생각, 영감은 즉시 여백에 메모하고 넘어간다. 메모는 두 번째로 읽는 과정에서 독서 노트에 따로 정리해서 옮겨둔다.

첫 읽기는 이렇게 시작하자

1. 일정한 마음의 템포를 유지해가며 급하지 않게 읽자.
2. 본문에 앞서 프롤로그와 목차를 읽고, 자신의 언어로 책의 줄거리를 요약해보자.
3. 마음을 사로잡는 문장과 단어에 표식을 해두자.
4. 영감이 떠오르면 그 즉시 책의 여백에 기록해두자.

지식을 탐하는 즐거움, 독서노트와
파일 도서관 만들기

독서량이 늘면서 고민하게 되는 것 중 하나가 '읽고 난 책을 어떻게 할 것인가?' 하는 문제다. 앞서 얘기했듯이 반복해서 읽을 가치가 있는 책은 최소 두 번에서 세 번까지도 읽는다. 처음 읽을 때는 중요한 부분에 선을 긋고, 라벨을 붙여가며 가볍게 읽고 넘어간다. 두 번째 읽기에서는 독서노트를 사용하는데, 책에 표시된 '밑줄', '메모', '라벨'에 명시된 키워드를 중심으로 탐색하고 확인된 정보를 기록한다. 이 과정에서 꼬리의 꼬리를 무는 가지 정보들이 파생된다. 질문에서 질문으로 이어지는 과정을 정리해가는 동안 독서노트 안에는 새로운 지식 네트워크가 구축된다.

이렇게 두 번의 읽기를 마치면 내 손에는 책과 한 권

의 독서노트가 남게 된다. 나는 독서노트를 늘 가지고 다닌다. 노트 안에는 책 내용뿐만 아니라 매일매일의 일상이 실시간 기록되어 있다. 따로 일기를 쓰는 것이 번거로워서 책을 읽다가 그때그때 떠오르는 감정이나 기억들을 두서없이 기록해둔다. 그러니 독서노트는 겸사겸사 일기장인 셈이기도 하다. 그렇게 완성된 노트는 따로 보관해둔다.

읽은 책이 해마다 늘어가다 보면 1년 전에 무슨 책을 읽었는지, 또 어떤 내용이었는지 가물가물할 때가 있다. 이럴 때 독서노트를 꺼내보면 당시의 기록이 고스란히 남아 있어서 기억을 환기하는 데 도움이 된다. 그러나 노트 분량이 적지 않고 메모 형식으로 기록되어 있어서 가독성이 떨어진다는 단점도 있다. 5분, 10분 자투리 시간을 활용하기에 독서노트는 그다지 효율적이지 않다.

이러한 문제점을 해결하기 위해서 책의 내용을 A4 용지 2~3장 분량으로 정리하는 마지막 과정(세 번째 읽기)을 거친다. 이때는 수기로 기록하지 않고 워드로 타이핑을 한다. 이렇게 정리한 내용은 출력해서 파일에 따로 모으는데, 개인적으로 속지 20장짜리 파일을 선호한다. 파일 하나를 다 채우면 20권의 책을 보관하는 셈이다. 나는 이것을 '파일 도서관'이라 부른다.

읽고 꽂아둔 책장의 책들을 보면서 '언제 다시 읽어야 하는데……'라는 생각, 책을 좋아하는 사람들이라면 한 번씩 하게 된다. 나 같은 경우에는 이럴 때 파일 도서관을 활용한다. 가끔 여유 있는 주말 아침이면 파일 한 권을 빼 들고 동네 카페로 간다. 구석에 자리를 잡고 느긋하게 파일을 넘기다 보면 책의 내용뿐만 아니라 당시의 감정, 기억들이 생생히 복기된다. 대개 전부 읽는 데 점심때를 넘기지 않는다. 짧은 시간이지만 읽는 과정에서 느끼는 영감만큼은 정독 못지않다.

실제 이 과정에서 기획안이나 작업 중인 원고에 도움

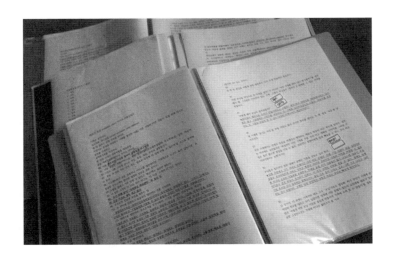

되는 영감이 떠오르기도 한다. 지식은 받아들이고 나서 내 것이 되기까지 숙성의 시간을 거쳐야 한다고 하는데, 파일 도서관을 이용하다 보면 이 말을 자주 체감하게 된다. 1, 2년 전 읽었던 책을 꺼내 읽다 보면 당시에는 느끼지 못했던 감동이나 지적 호기심이 발동하는 경험을 하게 된다. 그것은 그동안의 지적 생활을 통해 내 인식의 숲이 예전보다 넓고 깊어졌기 때문이다. 사물과 현상을 바라보는 안목이 깊어진 것이다. 이러한 깊이가 지적인 무르익음이 아닐까 싶다.

책을 반복해서 읽는 것은 좋은 습관이지만, 사실 읽었던 책은 좀처럼 다시 읽어지지가 않는다. 나도 보통의 독자들과 다르지 않다. 책보다 여행을 좋아하고, 독서보다 주말의 낮잠이 훨씬 달콤하다. 우린 정말 피곤하다. 독서가 필요하다는 것쯤은 알고 있지만 달리 실천할 동기가 생기지 않으니 이를 어쩌겠나, 좋아지도록 만들어야지. 즐길 수 없으면 그건 고역이지 않은가.

그래서 고안한 것이 '독서노트'와 '파일 도서관'이다. 지식을 탐색하고 찾아가는 과정 자체를 '즐기자'는 것이다. 빨리 가려 하지 말고 느리게 읽자는 것이다. 읽기와 쓰기를 놀이처럼 즐기자는 것이다. 색색 펜을 들어 칠하고, 이미지를 오려붙이다 보면 노트 작성 과정을 엄청난 몰입도로 즐기고 있는 나를 발견하게 된다.

책을 통해 발견한 지식과 느낌, 그때그때의 감정들을 기록하며 다시 읽는다는 것은 한 번 읽고 덮어버리는 것과는 분명히 차이가 있으리라 생각한다. 서른일곱까지 글이라고는 써본 적 없던 내가 일 년에 한 권씩 책을 내게 된 것은 소독(少讀)을 실천해온 덕분이라 감히 확신한다. 적게 읽는 대신 반복해서 읽는 독서습관이 글쓰기의 후천적 재능으로 이어졌다고 믿는다.

나에게 독서노트와 파일 도서관은 '해야 할 것'이 아니라 '하면 즐거운 것'이지만 그렇다고 내 방식을 독자에게 강요할 생각은 없다. 우리는 각자 뚜렷한 개성을 가진 존재들이니까. 이 중 한 가지만 적용해 보아도 좋고, 둘 다 무시해도 좋다. 도구는 도구일 뿐 진정 중요한 것은 사용자의 철학이다. 이 책의 첫 장부터 끝까지 내가 주장하는 것은 '책을 욕망하지 말자'는 것이다. 타인과의 경쟁이 아니라 내면의 성숙됨이야말로 인간이 책을 읽는 이유라고 생각한다.

읽는 인간은 반드시 행복해야 한다.

파 일 도 서 관 만 들 기

1. 파일 속지는 20장 이내로 하는 것을 추천한다. 너무 많이 채우면 부피가 크고 무거워서 불편하기도 하고 잘 찢어진다.

2. 파일 겉표지 안쪽에는 보관된 책 목록표를 만들어 둔다. 목록표가 있어야만 한눈에 어떤 책이 어떤 순서로 꽂혀 있는지 알 수 있다.

3. 짧은 시간 내에 책의 내용을 파악하는 것이 목적이므로 정리는 A4 2~3장을 넘기지 않는 것이 좋다.

4. 워드로 작성하고 필요하다면 핵심 이미지 등을 첨부하는 것도 내용 파악에 도움이 된다.

5. 파일을 읽는 중에 떠오르는 영감은 그때그때 문서 귀퉁이에 메모한다.

6. 문서는 본인에게 적합한 자유 형식으로 작성한다.

책 목록표를
만들어 둔다.

떠오르는 영감을
그때 그때 메모 한다.

A4 2~3장을
넘기지 않는 것이 좋다.

적게 읽고 깊어지는 책 읽기 기술

참석자 - 오늘 독서노트 작성법과 파일 도서관 이야기는 흥미롭게 들었습니다. 파일 도서관에 대해서 몇 가지 궁금한 점이 있어서 질문 드립니다. 먼저 독서노트를 쓰는 것도 쉬운 일은 아닐 것 같은데, 마지막으로 또 책을 정리하는 작업을 거쳐야 한다는 말을 들었을 때 좀 번거롭고 부담스러울 것 같다는 생각이 들었습니다.

정훈 - 억지로 한다는 전제가 깔리면 어떤 일인들 번거롭지 않을까요? 책을 많이 읽는 분들과 이야기를 나눠보면 예전에 읽었던 책임에도 불구하고 내용이 잘 기억나지 않는다거나, 어떤 분은 읽은 적이 없다고까지 말씀하시는 경우도 있었습니다. 인간에게 망각은 생존의 조건입니다. 받아들인 정보 중에서 중요하다 인식하는 일부 정보만 장기기억 저장소에 보관되고, 나머지는 자동 삭제됩니다. 책을 읽고 내용이 기억나지 않는다는 것은 아마도 그 내용들에 큰 의미를 두지 않았거나 읽고 나서 깊이 사색하는 시간을 갖지 않았기 때문일 거예요.

참석자 – 저도 그럴 때가 종종 있어요.

정훈 – 저도 다르지 않았습니다. 다독을 맹신했을 때가 있었는데, 당시 책장을 정리하면서 '어! 이런 책도 읽었어?' 하는 어이없는 경험을 몇 번 했었어요. 한참 후에 책은 양이

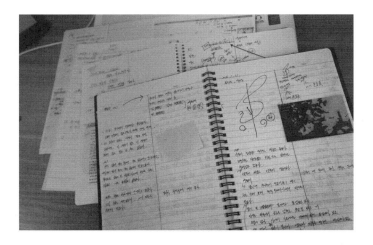

아니라 깊이라는 깨달음을 얻고부터 즐기는 독서를 위한 나름의 방법들을 고민하기 시작했죠. 저처럼 독서에 관해 얘기하는 사람 중 책을 적게 읽으라고 주장하는 사람 있었나요?

참석자 - 아니요. 전혀 반대되는 이야기를 하셔서 이곳에 오게 되었습니다.

정훈 - 오해를 많이들 하시는 부분이긴 한데, 일부러 적게 읽는 게 아니라 정상적인 독서를 하려면 절대 많이 읽을 수가 없는 것입니다. 제가 모임에서 늘 강조하는 게 있지요?

'우리는 너무 열심히 살고 있다는 것, 그래서 너무 바쁘다는 것', 우리에게 필요한 것은 배울 시간이 아니라 놀고 쉴 시간이라는 것입니다. 인간은 놀아야 행복합니다. 쉬어야 동기부여가 됩니다. 기본적인 욕구가 충족되지 않는데 책을 읽는다고 무슨 소용이 있을까요?

참석자 - 그렇다고 해서 안 읽을 수도 없지 않나요?

정훈 - 책이든 예술이든 받아들일 수 있는 상태가 되었을 때 유익해질 수 있는 것 아닐까 생각합니다. 질문하신 분께 한 가지 묻겠습니다. 행복은 과거, 현재, 미래 중 어디쯤 있다고 생각하시는지요?

참석자 - 글쎄요. 보통 사람들은 늘 행복을 추구하며 살지 않나요? 현재에서 바라보는 미래의 어느 지점?

정훈 - 미래의 어느 지점에서 이루어질 희망을 품었을 때 행복감을 느끼는 '나'는 과거, 현재, 미래 중 어디에 존재하고 있나요?

참석자 - 현재에 존재합니다.

정훈 - 우리가 행복을 추구하는 것은 지금은 그렇지 못하더라도 앞으로 좋아질 것이라는 미래를 가정(if)함으로써 현재의 '내 마음'이 충만해질 수 있기 때문입니다. 로또를 생각해보세요. 구입 즉시 당첨된 자신의 미래를 가정해보세요. 그 행복감은 과연 어디에 존재하나요? 미래일까요? 아니요. 행복은 언제나 이곳, 지금 이 순간에만 존재할 수 있습니다. 독서모임이니 행복이라는 현재시제를 독서에 맞춰 이야기해봅시다. 지금 여러분 자신에게 질문을 던져보세요.

'나에게 읽는다는 것은 행복한 일인가?' 아니라면 그 이유를 생각해보세요. 아마도 대부분은 이렇게 대답할 것 같습니다. '책 자체를 즐기지를 못했다'고요.

참석자 – 네, 맞아요. 직장생활을 시작한 이후로는 여유 있는 시간을 가져보지 못했어요. 피곤하고 지치고 하니까 주말에는 거의 자요. 책은 늘 부담이었죠.

정훈 – 예전에는 저도 그랬어요. 그 부담을 떨치고 즐기는 독서를 하기까지 시행착오도 많았습니다. 글을 쓰고 책을 내는 저란 사람도 한 달에 두세 권 이상은 못 읽어요. 본업이 따로 있어서 밥벌이하려면 바쁘거든요. 책을 통해서만 인간이 성숙하는 것은 아닙니다. 미술, 음악 외에도 다양한 경험을 통해서 인간은 배움을 얻습니다. 굳이 책으로 한정지을 이유가 없지요. 책이라는 부담을 내려놓으면 오히려 순수하게 읽기의 즐거움을 회복할 수 있습니다.

'Carpe diem!' 지금을 살아가는 게 중요합니다.

^{참석자} – 저도 앞으로는 책을 즐길 수 있었으면 좋겠습니다. 독서노트와 파일 도서관은 꼭 실천해보고 싶네요.

^{정훈} – 독서노트를 써가면서 색깔 펜으로 긋고, 칠하고, 참고 이미지를 출력해서 가위로 오리고 붙이는 작업을 해보세요. 꼬리에 꼬리를 무는 질문들을 찾아가는 과정의 즐거움을 여러분께서도 경험해보셨으면 좋겠습니다. 그렇다고 저와 같은 방식을 강요하고 싶은 마음은 없습니다. 중요한 것은 도구가 아니라 도구를 쓰는 사용자의 철학입니다. '읽기란 무엇인가'를 우리는 고민할 필요가 있습니다. 행복하지 않은 일을 참고 계속한다고 해서 그 일이 행복으로 바뀌지는 않을 것입니다. 같이 한번 외쳐볼까요.

'Carpe diem!'

독서노트 작성의 기술_
재단된 질서를 무시할 것

필요에 의해 만들어진 것들은 반드시 이유가 있는 법인데, 사용하고 있으면서도 어떻게 써야 할지 몰라 방황하는 물건 중 하나가 바로 공책(空冊)이라는 생각이 든다. 공책은 말 그대로 아무것도 쓰여 있지 않은 빈 책이다.

비어 있음을 의미하는 공(空)의 개념을 떠올리면 자연스럽게 연상되는 말이 있다. 한국화의 아름다움을 설명하는 데 빼놓을 수 없는 개념, 바로 '여백(餘白)의 美'다. 여백의 핵심은 공이다. 그러나 이 공의 개념은 단순히 비워냄을 의미하는 것이 아니라 화폭 속에 담긴 실체를 부각시키고 작가의 내면과 철학을 암시적으로 드러내는 장치다. 빽빽한 도심 속을 걷는 남자보다는 어쩐지 지평선이 가로 그어진 광활한 초원 한가운데 서 있는 낯선 여행자에게 눈길이 더 가는 것처럼 말이다. 이처럼 여백은 한 공간을 비워, 비어 있지 않은 다른 공간으로 시선을 주목하게 만드는 힘이 있다. 채워지지 않은 여백은 보는 이의 상상력을 자극하여 몽롱한 화선지 저편에 넘실거리는 독자 각자의 세계관을 잇는다. 그런 의미에서 여백은 미학적인 공간이면서 동시에 창의적인 공간이다.

빈 여백을 무엇이든 담아낼 수 있는 그릇이라 한다면, 그 속에 무엇을 담느냐에 따라 그릇의 본질은 그때그때 바뀐다. 불교에서는 본질이란 실체가 없는 것이라고 말하는데, 이때 공의 개념이 등장한다. 빈 용기에 물을 따르면 물컵이 되고 밥을 담으면 밥그릇이 된다. 펜을 꽂아두면 펜꽂이가 되고 그것을 사람을 향해 던지면 잔인한 흉기로 돌변하기도 한다. 누가 어떤 의도를 가지고 사용하느냐에 따라 이처럼 사물의 본질은 그때그때 변한다. 그런 차원에서 보자면 세상의 모든 것은 고정된 실체가 없다고 말할 수 있다. 우리의 마음 역시 이와 다르지 않다. 내 안에 내재된 잠재성이 공이며, 그 안에 어떤 선을 긋는가에 따라 우리 자신은 시시각각 새로운 존재로 거듭 태어날 수 있다.

공은 누구에게나 열린 가능성이며, 이는 결심을 통해

반드시 변화한다. 공의 실천은 매우 단순하다. 제로베이스에서 사고를 출발시키는 것. 당연한 것, 익숙한 것을 낯선 관찰자의 시선으로 대하는 것이다. 나의 경우, 공의 실천으로 내적 성장을 이룬 예가 독서노트다. 어릴 적 나는 줄곧 산만하다거나 끈기가 없다는 얘기를 듣고 자랐다. 주변의 평가가 그렇다 보니 어떤 일을 할 때 누구보다 스스로를 먼저 의심하는 버릇이 생겼고 그런 자신감 없는 태도는 대부분 좋지 못한 결과로 이어지고는 했다.

다독하는 독서습관에서 느린 호흡으로 책을 읽는 방식으로 바꾸면서 책의 내용을 정리해나갈 필요성을 느꼈던 나는 처음에는 시중에 판매하는 독서노트를 구입해서 쓰기 시작했는데, 웬일일지 쓰면서도 줄곧 맞지 않는 옷을 입고 있는 것 같은 불편함을 느꼈다. 역시나 이번에도 이런 불편함의 원인이 산만하고 끈기없는 나 자신의 문제라고 생각했다. 그러던 중 빈 노트에 마음 가는 대로 선을 긋고 구획을 만들어 나만의 독서노트를 만들어 사용하기 시작했는데, 그 방법이 오히려 깊은 사고로 나를 이끌었던 것 같다. 스스로 만든 노트 양식에 편안함과 재미를 느끼다 보니 자연스럽게 지금까지 지속하게 된 것이다. 우리가 번번이 실패하는 이유 중 하나는 타인의 틀에 맞춰야 할 때 느끼는 위화감이 깊은 사고(思考)로 이어지는 접근을 막아서이기 때문일지도 모른다. 탐색한 정보를 직접 만든 독서노트에 기록하는 과정을 지속했더니 다양한 정보의 체계를 노트 속에 축적해 갈 수 있었다. 도구(tool)를 다루는 재미를 그때 처음 느꼈다. 독서노트를 통한 정보의 추적과정을 통해 정보에서 정보로 뻗어 나가는 지식의 체계를 머릿속에 그릴 수 있게 되면서 언어를 사용하는 순발력과 응용력이 좋아졌다. 이러한 능력은 프레젠테이션이나 토론 모임에서 뜻밖의 위력을 발휘했다. 그러한 효과를 체험한 덕분에 이제는 독서노트뿐만 아니라 다이어리까지 직접 만들어서 사용한다. 내가 사용하는 모든 도구들은 나에게 맞게 스스로 개발한 것들이다. 여러분에게도 필요한 사고의 도구는 직접 만들어 사용해볼 것을 권하고 싶다. 맞춰진 틀이 아니라 공의 세계 속에서 자기만의 색깔 있는 기준을 세울때, 밖으로 표출되는 놀라운 잠재력을 경험할 수 있다.

　기성품은 개발자의 사고에 나를 맞춰야 해서 아무래도 불편하다. 반면에 직접 만들어서 사용할 경우 빈 공간에선을 긋고 구획을 만드는 전 과정을 직접 설계하기 때문에레이아웃의 구성 원리를 누구보다 깊이 이해할 수밖에 없다. 그래서 맞춤옷처럼 편한 것이고, 편하기 때문에 자유로운 표현과 발상이 가능해지는 것이다.

손은 '제2의 뇌'라고도 불린다. 뇌에서 가장 넓은 면적을 차지하는 곳이 바로 손을 담당하는 부위다. 인체 각 부위의 운동을 관장하는 부분을 뇌 위에 펼쳐 지도를 만들면 뇌의 운동신경 부위 면적 중 30%가 손에 해당한다고 한다. 그러니 손을 사용하여 긋고 그리고 붙이는 개성 넘치는 자신만의 방법이 창의적 사고를 기르는 데에 도움이 된다는 주장은 의심의 여지가 없어 보인다.

공은 실체가 없기에 무엇이든 받아들일 수 있고, 자신이 세운 기준이 새로운 우주의 질서가 될 수 있다. 빈 그릇에 무엇을 담아내는가에 따라 실체의 본질이 바뀌듯 빈 노트에 자신의 개성 넘치는 선과 공간을 만들어내는 일은 당신이 생각하는 것 이상의 놀라운 변화를 이끌어내는 자기계발의 첫 단추가 될 것이다.

독서노트 작성법

1. 페이지 중앙에 세로줄을 긋는다.
2. 좌측은 책에서 발견한 새로운 정보, 사실, 느낌 있는 문장 등을 기록한다.

3. 우측은 좌측 내용을 조사하여 확인한 내용을 구체적으로 기록하고, 그 과정에서 느낀 점, 새롭게 알게 된 사실 등을 기록한다. 마음을 사로잡은 문장의 경우 필사를 해보고, 같은 주제로 자신의 글을 쓰고 비교해본다.

4. 노트 작성의 과정은 재미있어야 하므로, 색색의 펜을 사용하면 좋다. 덧붙여 저자의 경우, 휴대용 인화기를 이용하여 사진이 필요한 때는 그 자리에서 촬영하거나, 이미지를 다운받아서 출력 후 해당하는 내용에 붙여둔다. 이렇게 하면 시각적인 이해가 더해서 독서노트의 효과를 높일 수 있다.

독서노트를 만들 때 주의할 점

1. 유사한 종류의 노트를 참고하지 않는다.

2. 평범한 노트를 사용한다.

3. 색깔 펜을 많이 이용한다.

4. 글 외에 사진이나 이미지, 기호 등을 다채롭게 사용한다.

5. 아는 것과 안다고 여겨온 것에 대한 자기검열을 명

2015. 11. 30. (月)

조사한 내용을
기록한다.
(2차 정보)

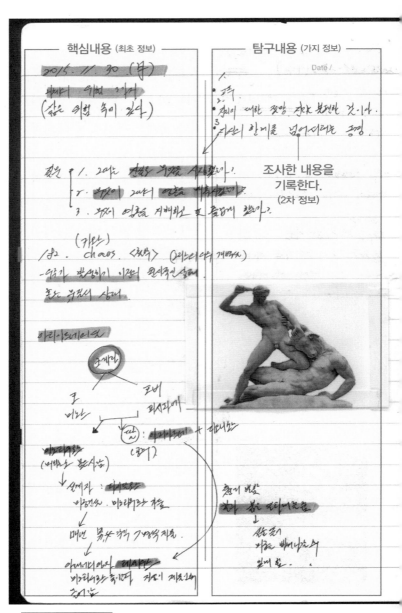

독서노트 작성법

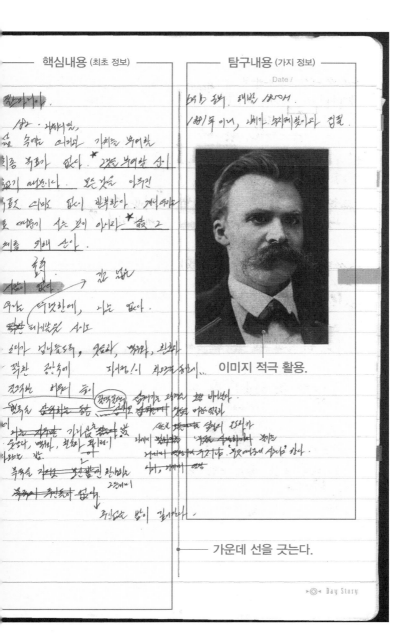

이미지 적극 활용.

가운데 선을 긋는다.

확히 한다. 안다고 여겨온 것들은 모르는 것으로 인식하고 반드시 명확한 사전적 개념을 찾아본다.

6. 빨리 가고자 하지 말고 정보를 찾고 확인하는 탐구 과정 자체를 즐긴다.

7. 정보를 찾아보고 파생된 정보를 추적하는 과정을 통해 독서노트에 모조리 담아내고 추적의 과정을 기록한다.

8. 앞에 적힌 1~7번의 주의할 점을 온전히 받아들이지는 않는다. 이 또한 저자가 규정한 하나의 틀이므로, 각자의 생각대로 자유롭게 재창조한다.

독서노트 작성

참석자A – 독서노트에 관한 이야기 잘 들었어요. 그런데 시중에 나오는 독서노트를 쓰는 건 안 좋을까요?

정훈 – 개성은 사람마다 다릅니다. 무엇이 옳다고 고정할 수는 없을 것 같네요. 이건 어디까지나 제 나름의 방법을 소개하는 차원이니까 참고 정도만 하시면 될 것 같습니다. 제 방식에서 도움이 되는 내용만 본인의 것으로 가져가세요.

참석자A – 노트작성의 원칙 같은 것이 있나요?

정훈 – 인물이나 특정 장소와 같은 정보를 탐색하다 얻은 자료들을 출력해서 붙여둡니다. 이미지로 기록해두면 오래

기억할 수 있습니다. 그리고 모호한 개념들은 반드시 찾아보고 기록합니다. 우리가 쓰는 단어에 한자어가 많아서 정확한 의미를 모르면서 사용하는 경우가 많습니다. 그렇게 하나씩 확인하는 습관을 들이다 보면 어휘력이 늘게 됩니다. 어휘력이 늘면 작문 실력뿐만 아니라 발표력도 좋아집니다. 가용자원이 풍부해지는 셈이니까요. 아는 만큼 표현력도 깊어집니다.

참석자A - 그러고 보면 우리말을 하면서도 막힐 때가 많아요. 적절한 표현을 찾지 못해서요.

참석자B - 글을 써보면 더 그런 것 같아요. 생각을 몇 줄 글로 옮긴다는 게 정말 쉽지가 않더라고요.

정훈 - 그래서 평소 자신의 생각을 꾸준히 글로 표현해 보는 것이 중요합니다. 독서노트를 작성하면서 탐색하고 찾고 기록하는 데서 그치는 것이 아니라, 책에 대한 자기 생각과 그때그때의 감상을 남깁니다. 읽기와 쓰기를 같이하는 것이지요.

참석자A – 노트에 보면 세로로 중앙에 줄을 그어서 좌·우의 면을 구분하잖아요. 이렇게 하는 이유는 무엇인가요?

정훈 – 왼쪽은 몰랐던 정보를 적고, 오른쪽에는 그 정보를 탐색하면서 알게 된 구체적인 내용을 적습니다. 이 과정에서 추가적으로 파생되는 가지 정보들이 있는데, 그런 가지 정보들도 우측에 기록합니다. 그러면 왼쪽은 정보의 최초 발생지점이 되고, 우측은 순서대로 파생된 가지 정보들이 나열되는 것이지요. 정보의 진행경로가 한눈에 드러나게 됩니다.

참석자A – 이렇게 하면 정보 간의 연관성 때문에 잘 기억될 것 같아요.

정훈 – 맞아요. 바로 그 점이 중요합니다. 이렇게 독서노트를 작성하다 보면 지식정보가 꼬리에 꼬리를 물고 네트워크를 이루게 됩니다. 머릿속에 지식의 체계가 서는 것이죠.

참석자B – 노트를 보면 여러 가지 색깔의 펜을 쓰시는데 특별한 이유가 있나요? 아니면 취향이신가요?

^{정훈} – 앞에서 강조한 얘기기도 합니다만, 읽는다는 것은 즐거움이어야 합니다. 우리가 어떤 행위를 할 때는 기왕이면 즐기면서 해야 합니다. 즐겨야 지속 가능하고, 지속 가능해야 숙련될 수 있습니다. 어떤 일이든 숙련되려면 물리적인 시간이 절대적으로 필요합니다. 세상에 공짜는 없으니까요.

독서노트도 마찬가지입니다. 이것을 의무라 생각하거나, 내가 성숙한 인간이 되기 위해서 꼭 써야 한다는 강박을 가지면 절대 오래 못 가게 됩니다. 결국 어느 정도 하다가 그만두게 됩니다. 즐기는 것이 중요하니까, 이왕이면 즐겁게 하려고 여러 가지를 시도하게 되었고, 그러다 보니 사진도 붙이고 색깔 펜도 쓰게 되었습니다. 실제로 색깔 펜을 쓰면 가독성도 높아지고요.

^{참석자A} – 선생님은 뭐든 즐기시는 것 같아요. 그게 성장의 비결이란 생각이 드네요.

^{정훈} – 맞아요. 즐기지 못하고 급히 서두르면 잘 체하더라고요.

4장

단 한 줄에도
1,000권의 깊이가
담기는 글쓰기

"아는 것과 안다고 여기는 것은
전혀 다른 사실이다"

스마트한 시대, 살아 있는 이미지를 쓰다

전봇대에 찢기다 만 전단조각이 나풀거린다. 같은 전단이 동네 여기저기 붙어 있는 것을 보면 개점시간 전까지 발품을 팔며 붙인 모양이다. 요즘 같은 불경기 속에서 타들어 가는 사장님의 애끓는 다짐은 아슬아슬하게 붙어 있는 전단 한 장의 처지와 닮았다. 동네 구석구석을 누비는 동안 축축이 젖어 내렸을 널찍한 등판과 검붉게 그을린 이마가 머릿속에 그려졌다. 고생한 만큼 성과가 있으면 좋으련만 전단의 문구를 보는 순간 진한 아쉬움이 배어나왔다.

신속(迅速)하게 배달하겠습니다.

아무리 좋은 물건이라 할지라도 사고 싶게끔 만들지

못하면 그것은 수단으로서의 의미가 없다. 수많은 전단 중에서 선택받는 전단이 되려면 말하고자 하는 핵심을 고객의 머릿속에 이미지로 그려줄 수 있어야 한다. 그런 면에서 이 전단은 매우 아쉽다. 말은 단어의 조합이다. 단어는 의미를 내포하고 있고, 그 의미는 상대의 뇌리에 생생한 이미지로 그려질 때 비로소 살아 있는 언어가 되는 것이다. 만일 신속이라는 단어가 존재하지 않았다면 우리는 그 상황과 느낌을 표현하기 위해 반드시 특정한 이미지(心象)를 찾아야만 했을 것이다. 신속이라는 두 음절 속에는 뽑아낼 수 있는 무수히 많은 이미지들이 있다. 화살이 시위를 떠나 과녁에 꽂히는 장면이라든지, 100m 세계기록 보유자 우사인 볼트가 터질 듯한 근육을 떨며 전속력으로 달려가는 장면이라든지, 낚싯바늘의 미끼만 채가는 얄미운 물고기의 입질이라든지, 비 사이로 막 간다는 어릴 적 말장난에 등장한 일본인이라든지.

예전 한 일본 영화에서 재미있는 이야기를 본 적이 있다. 아주 오래전 문자가 없던 시절에는 멀리 떨어져 있는 혈육에게 자신의 근황을 알리는 수단으로 돌 편지를 보냈다고 한다. 모나고 까칠까칠한 돌은 신변에 어떤 문제가 있다는 것이고, 매끈매끈하고 동글동글한 돌은 무사히 잘 지내고 있음을 의미한다는 것이다. 이 영화를 보면서 문자가 생기기 이전이 오히려 서로 간의 감정적 교감이 더 좋지 않았을까 하는 생각을 하게 되었다. 느껴지는 감정과 이미지를 온몸으로 표현하는 것은 문자로는 결코 형용할 수 없는 차원일 것이다. 무용수가 표현하는 선(線)의 깊이를 어찌 온전히 언어로 담아낼 수 있을까? 이처럼 이미지란 깊고 또렷하며 살아 있는 것이다.

신속은 빠르다는 의미만을 내포한 단어가 아니다. 식당 사장님 쪽에서 바라보는 신속은 '빠름'이지만, 음식을 기다리는 쪽에서는 '조바심'일 수도 있다. 따라서 신속이라는 사전적 정의만으로는 사장님의 의도를 제대로 반영할 수 없는 것이다. 이것은 문자가 가진 한계다.

베스트셀러가 영화화된 작품을 보고 나면 대개 책보다 못하다는 이야기를 많이 듣는다. 그럴 수밖에 없는 것이, 책을 읽는 과정에서 등장인물의 외모, 말투, 목소리와 주변 풍경들은 독자의 머릿속에서 재창조된다. 자연히 화면의 영상과 자신이 만들어낸 이미지 사이에 간극이 생길 수밖에 없다. 책은 작가가 쓰지만 이미지의 완성은 독자의 몫이다.

원하는 것을 검색 하나로 지체 없이 제공받는 이 시대

에 이미지를 떠올린다는 것은 매우 성가신 일이 되었다. 정보를 탐색하는 기능이 인간의 뇌에서 컴퓨터로 옮겨가면서, 키워드를 검색창에 치는 것만으로도 셀 수 없이 다양한 정보를 찾을 수 있게 되었다. 검색은 컴퓨터의 영역이 되었고 인간은 단순한 선택의 영역으로 밀려났다. 그러나 아이러니한 점은 우리 자신들이 스스로를 과거보다 탁월한 존재로 인식한다는 것이다. 지금 우리는 탐구의 필요성이 희박해진 환경에서 살고 있다. '스마트'라는 키워드가 전 지구를 점령해가는 동안 스마트해진 것은 기계지 인간이 아니다. 엄밀히 인간은 스마트한 기기의 정보에 더욱 의존하게 되었다. 사고하지 않으면 당연히 사고력은 퇴화한다. 스마트폰을 사용하면서 한번씩 정신없이 밀려드는 정보에 함몰되어가는 나 자신에게 놀랄 때가 있다. 이것은 생각보다 심각한 일이다. 우리는 분명 생각할 시간을 잃어가고 있다.

'신속배달'이 죽어버린 문장이 된 것은, 신속이란 두 음절에 내재된 무수한 이미지를 고객이 떠올리기 싫어하기 때문이다. 사람들은 친절하게 찾아주지 않으면 더 이상 쳐다보지 않는다. 따라서 이미지를 찾기 위한 노력은 비즈니스의 성패와 직결된다.

식당 사장님은 신속이란 개념을 직관적으로 떠올릴 수 있는 이미지를 찾아야만 했다. 예를 들어 신속하게 배달하겠다는 말 대신, 비 사이를 뚫고 배달하겠다거나, 저렴하다는 말 대신 보통 값에 곱빼기가 나간다거나, 맛있다는 말 대신 여자 친구를 홀딱 반하게 할 맛이라는 표현처럼 전달하고자 하는 의도가 직관적으로 반영된 이미지를 만들어내야 한다.

카피라이터나 시인의 언어가 가슴을 울리는 이유는 감정을 선명한 이미지로 풀어내는 힘이 있기 때문이다.

바람이 제 살을 찢어 소리를 만들 듯
그리운 건 다 상처에서 왔다.
　　—김주대, 시집《그리움의 넓이》중에서

탁월한 작가의 시선은 훈련으로 단련될 수 있다. 식당 전단지에 필요한 카피는 '고객'과 '나'라는 사회적 관계의 속성을 꿰뚫는 시선이다. 그러한 시선의 힘을 '통찰'이라 한다. 사물을 통찰한다는 것은 내가 살아가는 세상을 총체적으로 인식하고 나와 기존의 그 무엇 간에 새로운 연결고리를 찾아낸다는 것을 의미한다. 또한 이러한 시도의 과정을 '창의적 발상'이라고도 한다. 결국 통찰과 창의성은 개별적 개념이 아니라 묶어서 함께 생각해야 할 통섭(consilience)의 개념인 것이다.

시인은 통섭의 달인이다. 그 천재적인 시각의 비밀은 '읽기'와 더불어 '쓰기'가 생활화되어 있기 때문이다. 읽기를 강권하는 대한민국 사회에서 어쩐지 '쓰기'가 외면당하고 있다는 기분을 지울 수가 없다. 읽기가 안으로 받아들이는 과정이라면 쓰기는 그 정보를 토대로 자신만의 사고를 새롭게 쌓아가야만 하는 수고스러운 과정이기 때문일 것이다. 읽기는 정신의 영역이지만 쓰기는 정신과 육체가 병합되는 과정이다. 그래서 읽기보다 쓰기가 힘들다.

창의는 재능이 아니라 훈련으로 만들어진다. 당신이 독서를 통해 사고의 틀을 확장하고자 한다면 '읽기'와 '쓰기'를 병행하기를 권한다. 적게 읽고, 깊이 읽은 다음으로 책에 대한 감상을 손으로 적어가는 과정을 통해 자신만의 생각을 만들어가야 한다.

'읽기는 쓰기를 통해 완성된다.'

특히나 비즈니스를 계획하는 사람이라면 소독(少讀)과 함께 독서노트를 작성해볼 것을 적극적으로 권하고 싶다. 한 권을 읽어도 깊이 있게 읽기 바란다. 반복적으로 읽고 써가며 탐구하는 과정을 반복하다 보면 읽기가 가져다 줄 놀라운 효과는 물론, 독서의 즐거움에 흠뻑 빠진 자신을 발견할 수 있을 것이다. 독서노트는 그러한 당신의 지적 탐구에 최적의 도구가 될 것이라 생각한다. 손으로 찾고, 그리고 붙이는 과정을 반복하다 보면 아이와 같은 호기심과 관찰력을 회복하게 될 것이다.

독서가 놀이가 될 때, 우리는 책을 읽었다 말할 수 있다. 잘되는 가게는 전단부터 다르다.

인쇄된 글은 목숨보다 길다

강연 중에 책을 쓰는 방법에 대해 질문하는 분들이 있다. 꾸준히 책을 읽다 보면 어느 시점에 '나도 책을 써볼까' 하는 생각이 들기도 한다. 그런데 막상 쓰려고 하면 무엇을 어디서부터 써야 할지 막막할 뿐 아니라, 한 줄 써내려 가는 것이 쉽지 않음을 곧 깨닫는다.

우리가 글을 쓰는 것에 어려움을 느끼는 이유는 쓰기가 생활화되어 있지 않아서다. 나아가 무엇을 쓸 것인가에 대한 자신만의 콘텐츠가 없기 때문이다. 목표 없이 무턱대고 글부터 쓸 수는 없지 않은가. 글의 소재는 관찰자의 시선 안에 있다. 호기심 어린 시선으로 보고 듣고 느낀 주관적 체험들이 남들이 느껴보지 못한 세상을 경험하게 한다. 같은 경험일지라도 다른 해석에 이르는 것만이 콘텐츠가 된다. 그러나 콘텐츠를 발견하는 것만으로는 내재된 가치를 공유할 수 없다. 콘텐츠는 처음에 머릿속을 떠도는 이미지의 형태로 존재하기에 그것을 선명한 언어로 구체화하는 작업이 반드시 필요하다. 그것이 '쓰기'다.

자신의 콘텐츠를 갖게 되면 꾸준한 글쓰기의 과정이 필요하다. 매일 글을 쓰다 보면 6개월, 1년 후에는 꽤 두툼한 원고가 된다. 글솜씨는 크게 걱정할 필요가 없다. 반복만큼 훌륭한 연습은 없기 때문에 써가는 과정에서 글은 자연스럽게 좋아진다. 그렇다고 책을 낸다는 것이 그리 쉬운 일은 아니다. 출판사로부터 원고에 대한 신뢰를 이끌어내야 하기 때문이다. 투고 후 당사자를 기다리는 운명은 '도' 아니면 '모'다.

책을 준비하다가도 '출판이 될까' 하는 염려가 스멀스멀 올라오기 시작하면 그간의 자신감은 순식간에 곤두박질한다. 나는 생활 속에서 글쓰기를 즐길 뿐 특별히 출판에 목적을 두지 않는다. 아마 그것이 꾸준히 책을 내는 힘이 아닐까 싶다. 카페에서 지하철에서 광고를 보다가도 어떤 생각이 떠오르면 즉시 메모를 해둔다. 그렇게 모은 소재를 가지고 나름의 생각을 더해 수시로 글을 쓰고 카테고리별로 묶어둔다.

읽기는 문장 속에서 떠오르는 이미지를 머릿속에서 그려가는 작업이지만, 반대로 쓰기는 흩어진 이미지를 선명한 문장으로 정돈하는 작업이다. 따라서 글쓰기를 통해서 읽기와는 다른 차원의 '앎'이라는 성숙한 과정을 경험할 수 있다.

내 책을 서점 평대에서 만나는 기적은 상상만으로도 행복하다. 하지만 책 자체가 목표가 되어서는 좋은 글을 기대하기 힘들고, 여백을 채우기에 급급한 글쓰기가 되면 글은 방향을 잃는다. 책은 빨리 내고 싶은데 정작 글쓰기에는 부담을 느끼는 사람들 중에는 '3개월 이내에 출판 보장', '책을 써서 성공하라'는 제안에 이끌려 거액의 돈을 내고서 책을 내는 경우도 있다. '누구나 작가가 될 수 있다'는 콘셉트가 유행처럼 번지면서 서점 평대를 잠시 스치고 사라지는 책이 우후죽순 등장하기 시작했다. 가까운 어느 편집장의 말에 따르면 요즘은 개성 있는 원고를 만나기가 쉽지 않다고 한다. 글은 밋밋하고 어디서 배워왔는지 출판기획서는 하나같이 똑같다며 씁쓸해한다. '출판'이 목적인 사람들의 관심은 자신을 돋보이게 하는 책의 후광효과에 맞춰져 있을 뿐 정작 글에 대한 애정은 결핍되어 있는 것 같다. 나는 그 점이 안타깝다. 인쇄된 글은 목숨보다 길다. 글은 글쓴이가

져야 할 무한한 책임이어서, 책의 무게는 우리가 생각하는 것보다 훨씬 무거운 것이다.

목적을 잃은 글쓰기도 문제지만 목적이 왜곡된 글쓰기는 더더욱 비극적인 일이다. 책은 독자에 의해 평가된다. 출판 자체가 목적이 된 책에 손길을 내밀어줄 독자는 없다.

책은 누구나 쓸 수 있고, 쓰면 무조건 성공한다?

참석자 – 최근 들어 책 쓰기 교실이 여기저기 생기고 있는데요. '누구나 책을 쓸 수 있다'거나 '책을 써서 성공하라'는 식의 말을 들으면 가슴이 뜨거워지면서 도전 욕구가 생겨요. 정말 책을 쓰면 성공할 수 있나요?

정훈 – 삶이라는 것이 그리 단순치가 않지요. 책을 써서 성공하라는 사람들의 말을 가만히 들어보면 책을 성공의 도구쯤으로 여기는 것 같습니다. 그런데 책이란 게 뭐예요? 글의 묶음이지요. 글이란 무엇일까요? 생각입니다. 결국 책은 생각입니다. 도구가 아니지요. 그렇다고 해서 아무 생각이나 마구잡이로 써놓는다고 책이 될까요? 책은 세상이 듣고 싶어 하는 이야기를 담고 있어야 합니다. 반드시 그래야만 하죠. 그래야 선택받게 되니까요. 따라서 책이 성공으로 이어지려면 책 자체가 아니라 책에 담길 콘텐츠를 현명하게 고민해야 합니다. 책으로 성공하라는 주장은 본말이 전도된 것이라고 생각합니다.

참석자 – 책 쓰기가 최근 주목받고 있는 계기가 뭘까요?

정훈 – 근본적인 이유는 우리 사회에 팽배한 불안 때문이라고 생각합니다. 지난주 뉴스를 보니 청년실업률이 10%에 육박했다고 발표했습니다. 청년 10명 중 1명은 실업자라는 말입니다. 그들의 불안을 조장하고 이용하려는 사람들이 나타나게 마련입니다. '책이 학위보다 낫다', '최고의 스펙이다'라는 논리로 불안한 현실을 극복할 수 있다고 주장하면서 분위기를 만들어가죠.

　자기 중심성을 잃어버리면 사람은 곧잘 방황하게 됩니다. 판단이 서지 않을 때는 보편타당한 정의의 기준 위에서 문제를 다시 생각해보세요. 그러면 판단이 좀 쉬워집니다. 옳고 그름의 기본적 정의는 이미 유치원에서 다 배웠으니까요. 무엇이 옳은지 무엇이 정상적인지 말이에요.

참석자 - 그런데 문제는 여전히 불안하다는 거예요. 말씀을 머리로는 이해하겠는데 가슴은 여전히 불안해요. 이런 불안을 극복하려면 어떻게 하면 좋을까요?

정훈 - 불안을 극복하려면 불안을 똑바로 봐야 합니다. 불안을 극복하고 싶다면서 자꾸만 불안을 안 보려 해요. 무엇이 옳은지, 자신이 어떤 결정을 해야 하는지 알면서도 타인의 결정에 의지하려 하고, 그 속으로 휩쓸리려고 합니다. 불안하다고 해서 인생이 망가지는 것은 아닙니다. 늦어질 수도 있고 어려움을 겪을 수도 있어요. 그러나 망가지는 게 아닙니다. 오히려 회복되는 것이죠. 불안은 한 번의 극복으로 끝나지 않습니다. 매번 극복해야 하는 것이죠. 그러니 회피하지 마시고 마주 서는 용기를 가지세요.

쓰기 위해 씹고 뜯고 맛보며 읽다

    시를 해석하는 일은 쉽다. 어떤 시를 쓰고 싶은지 설명하는 것도 그리 어렵지 않다. 그러나 막상 시를 써보라고 하면 펜은 첫 행부터 심하게 방황한다. 쓴다는 것은 추상적인 느낌을 글로써 시각화하는 작업이어서 훈련되어 있지 않다면 쓰기란 결코 쉽지 않다. 읽는다는 것은 쓰기와는 반대로 구체화한 문자 이미지를 시각적으로 받아들여 그것을 다시 머릿속 자신만의 추상적 세계 속에 풀어놓는 작업이다. 쉽게 말하자면 많은 용량의 데이터를 전송할 때 우리가 흔히 사용하는 알집 프로그램 같은 것이 문자다. 이미지를 알집의 상태로 압축하는 것이 쓰기라면, 읽기는 알집을 원래대로 풀어놓는 작업이다. 그런데 책을 읽는 사람들 중에는 알집을 풀어 그 속을 살피려 하기보다는 알집의 겉만 훑고 지나가는 경우가 많다.

　"아는 것과 안다고 여기는 것은 전혀 다른 사실이다."

　겉만 훑는 것이 아니라 글을 제대로 읽기 위해서는 기본적으로 천천히 읽어야 할 뿐 아니라 모호한 개념은 반드시 짚고 넘어가야 한다. 읽는 과정에서 어떤 영감이 떠오를 때는 읽기를 멈추고 영감을 좇아 사색의 시간을 보낼 필요도 있다. 한 번 읽었다고 해서 무조건 덮어버릴 것이 아니라 책에 따라서는 반복적으로 읽어서 알집 속에 내재된 의미를 집요하게 파고드는 집중력도 필요하다.

　예전에 하루에 스무 권씩 읽는다는 다독가를 만난 적이 있는데 그가 나에게 물었다.

　"책을 얼마나 읽으십니까?"

　한 달에 한두 권쯤 읽는다고 했더니 매우 의외라는 얼굴을 하고 나를 쳐다본 기억이 난다. 무엇을 얼마나 읽었는지가 지혜의 척도라 믿는 사람들에게 나라는 사람이 별종으로 보이는 것은 어찌 보면 당연한 일일지도 모른다. 글을 쓰고 매년 꼬박꼬박 책을 낸다는 사람이 평소 책을 읽지 않는다는 것이 그들의 눈에는 이상하게 비쳤을 것이다.

　그러나 책을 적게 읽을 뿐이지 읽지 않는 것은 아니다. 또한 한 권을 여러 번 반복해서 읽으니 횟수로 따진다면 결코 적은 숫자도 아니다. 몇 권의 책을 일 년 내내 반복해서 읽는 것이다.

단, 읽으면서 반드시 쓰기를 병행한다. 앞에서 언급한 독서노트가 그것이다. 읽는 과정을 통해 생산된 영감과 가지 정보들을 기록하고 정리하는 과정을 반복하다 보면 글을 읽어내는 힘이 깊어진다. 지금 생각해보면 본격적으로 글쓰기를 시작하기 훨씬 이전부터 기록하는 습관이 몸에 배어 있었다. 깊은 사고를 요하는 기획자라는 직업적 특성상 머릿속 이미지를 그리고 써가며 구체화하는 작업은 일상적인 일이었다.

나에게 독서란 수동적 차원의 읽기가 아니라 글을 해체해서 씹어보고 확인하고 통찰하는 적극적인 통합의 과정이다. 이러한 독서방식은 지식의 습득이라는 차원을 넘어서 새로운 지식을 창출해내는 다이내믹한 통섭의 개념과도 결을 같이한다. 화가 재스퍼 존스가 "내 작업은 눈에 익숙한 것들을 내가 어떻게 보는지를 '보는' 지점에서 시작된다"고 말한 것처럼 어떻게 읽느냐가 어떤 길로 들어설 것인가를 결정짓게 되는 것이다. 책이 던진 질문의 답은 각자의 읽는 관점에 따라 결정된다.

나에게 독서노트는 창의적인 관점을 제시하는 강력한

도구다. 읽기를 위한 쓰기는 선택이 아니라 독서의 **빼놓을** 수 없는 과정이다. 작가를 꿈꾼 적도, 직업적 글쓰기를 할 생각도 없었지만 깊은 읽기의 시간이 차곡차곡 쌓이는 과정 속에서 자연스럽게 글을 쓰게 되었고 돌아보니 책이 되어 있었다. 놀라우면서도 자연스러운 경험이었다.

'읽기, 때때로 쓰기'의 습관이 별것 아닌 것처럼 보일지 모르지만 독서의 방식을 바꾸는 것만으로도 당신의 미래가 바뀔 수 있음을 확신한다.

내가 그랬던 것처럼.

책에서 만나는 질문의 기록, 독서노트에 쓰다

참석자 - 선생님께서는 한 달에 평균 몇 권 정도 책을 읽으세요? 본업도 있으시면 많이 바쁘실 것 같은데요.

정훈 - 한 권에서 많으면 두 권 정도요. 일이 바쁜 달에는 한 권을 다 못 읽을 때가 있으니 대한민국 평균 독서량 수준에서 약간 더 읽는다고 생각하시면 됩니다. 질문의 요지가 적게 읽고도 독서의 효과를 극대화할 수 있는 점이 무엇인지를 묻고 계신 것 같은데요. 비결은 쓰면서 읽는 것입니다. 책은 기본적으로 세 번을 읽습니다. 그리고 두 번째 읽기부터 독서노트를 씁니다. 세 번째는 별도의 파일에 책 내용을 요약해가며 읽습니다. 그렇게 세 번을 읽는 것이 기본입니다.

참석자 - 독서노트는 어떤 식으로 쓰시는지 궁금합니다.

정훈 - 사실 처음부터 노트를 작성하려고 했던 것은 아닙니다. 책을 천천히 읽다 보면 생각해야 할 것들이 생깁니다. 당연한 이야기죠. 책은 곧 질문이니까요.

참석자 - 책에서 만난다는 '질문'이란 구체적으로 어떤 의미일까요?

정훈 - 헬렌 켈러(Helen Keller)는 아시다시피 보지도 듣지도 못하는 장애를 가지고 있었습니다. 그녀는 오로지 만져서 느끼는 촉감과 냄새, 그리고 맛에 의해서만 세계를 이해할 수 있었습니다. 이는 달리 말해서 직접적인 연관이 없는 간접정보들만으로 세계를 이해해왔다는 뜻입니다. 손에 들린 책 또한 개인이 경험하지 못한 사상과 정보, 감정, 낯선 문화들로 채워져 있습니다. 이러한 책은 눈으로만 읽어서는 제대로 알 수가 없겠죠.

    켈러의 경우를 다시 생각해 봅시다. 켈러의 가정교사였던 애니 설리번(Annie Sullivan)은 켈러의 손바닥에 물을 적시며 감각으로 전달되는 느낌을 통해 물을 설명했습니다. 비록 물을 보거나 흐르는 소리를 듣지 못했지만 손바닥의 감각을 통해서 물을 깨닫게 된 것이죠. 이때부터 켈러는 신체기관 중 살아 있는 촉각과 후각을 이용해서 사물을 이해하기 시작했습니다. 정말 놀라운 사실은 이렇게 축적된 '개념'들이 켈러로서는 경험할 수 없었던 시각과 청각의 세계에 대한 단서를 제공했다는 것입니다.

그녀의 학습과정에서 찾을 수 있는 핵심은 조각난 정보들을 끌어와서 그 유사성을 다양하게 맞춰보는 훈련에 있었습니다. 우리가 '유추'라고 하는 개념입니다. 켈러는 듣지 못했지만 말을 배웠습니다. 보지 못했지만 점자를 통해서 글을 읽었어요. 또 책을 쓰고 연구를 했죠. 그러면서도 정상적인 사람조차 이룩하기 힘든 수준의 학문적 성과를 이룹니다. 책에서 우리가 만나는 질문은 모름과 다름의 사이에서 유사성을 찾고 비교하고 논쟁한 끝에 결론에 이르는 사고과정입니다. 이런 과정이 생략된 채 문자를 읽고 책을 덮어왔다면 그것은 단언컨대 올바른 읽기가 아니라고 생각합니다. 켈러를 생각해보세요. 그녀는 몸으로 책을 읽어왔습니다. 제한된 감각만으로도 세계를 더 넓고 깊이 이해할 수 있었습니다. 그녀 자체가 올바른 독서의 정의 바로 그것입니다. 독서의 참 목적은 질문을 만나고 풀어가는 의식의 과정 그 자체인 것이지요.

참석자 - 결국 독서노트는 질문과 탐색과정에서 얻게 되는 지식정보들을 맞춰보면서 체계화해가는 작업이군요.

정훈 - 맞습니다. 애초부터 독서노트를 쓰려고 했던 것은 아닙니다. 깊게 읽는 과정에서 자연스럽게 작성하게 되었죠. 전과는 달리 책에서 질문들을 만나게 되었으니까요.

읽기와 쓰기의 비타민, 소셜 미디어

바쁜 현대인들에게 필수가 된 스마트폰도 현명하게 활용하면 깊은 읽기를 위한 유용한 도구가 된다. 나는 트위터와 페이스북 그리고 인스타그램을 주로 이용하는데, 활용법은 소셜 미디어 별로 차이가 난다. 트위터는 수신용으로 사용하며, 페이스북과 인스타그램은 수신과 발신의 양방향성에 중심을 두고 사용한다. 종이 책은 일단 읽기 시작하면 물리적인 시간을 들여야 한다. 가방에 넣고 들고 다니기도 무겁고 넣었다 뺐다 하기도 귀찮다. 특히나 출퇴근 시간 잠시 짬 나는 지하철에서라면 더더욱 그렇다. 이럴 때 열어보면 유용한 도구가 트위터다.

트위터는 키워드 검색을 통해 관심을 가지고 있는 특정 주제를 선별적으로 받아볼 수 있어서 좋다. 단문으로 글을 제안하고 있어서 몇 줄로 정리된 핵심적인 내용을 빠르게 받아들일 수 있다. 내 경우에는 인문학 분야에 해박한 사람들이 올려주는 짧지만 통찰력 있는 문장들을 눈으로 훑는 것만으로도 독서와 글쓰기 생활에 많은 도움을 받고 있다. 책을 많이 읽지 않는 나의 독서법이 무조건 좋은 것은 아니다. 제한적으로 읽다 보면 정보의 결핍은 피할 수 없다. 그런 결핍을 보충하는 비타민 같은 역할을 하는 것이 트위터인 셈이다. 나는 트위터에서 주로 정보만 채집한다. 심상에 파문을 일으킨 글들을 별도의 파일에 모아두고 한 번씩 훑어보는 과정을 반복하는 것만으로도 영감의 씨앗이 된다. 이러한 소재들은 글을 쓰는 과정의 어느 길목에서 불현듯 모습을 드러내기도 한다. 그럴 때마다 무의식 속에 잠재된 인간의 능력이 얼마나 대단한 것인가를 깨닫는다.

페이스북은 읽기보다는 쓰기를 위한 도구로 활용하는 편이다. 트위터와 달리 글의 길이에 제한이 없어서 장문의 글을 쓸 수 있기 때문이다. 스마트폰의 보급으로 이제는 언어보다 문자가 대화의 주요 수단이 되었다고 해도 지나치지 않을 정도로 글쓰기가 대중화되었다. 페이스북을 사용하다 보면 우리 사회에 글을 잘 쓰는 분들이 참 많다는 것을 느낀다. 단문과 장문의 글쓰기를 해보면 힘의 차이를 여실히 느끼게 된다. 필력(筆力)이란 한자를 봐도 알겠지만 글에 힘이 붙으려면 꾸준하게 쓰는 것 이상의 방법은 없다. 하지만 나 자신을 포함해서 바쁜 현대인들이 차분히 앉아서 글을 쓸 수 있는 여유가 과연 있기나 한 것일까. 이러한 여유의 결핍을 소셜 미디어를 통해 극복할 수 있다. 일상적인 소재부터 관심 분야의 깊은 이야기까지 생각을 정리하고 개성 있는 글로 표현하는 연습을 우리는 언제 어디서든 할 수 있는 환경 속에서 살고 있다. 페이스북의 검색창에서 공개 그룹들을 검색해보면 관심 분야별로 생각을 공유하기 위한 커뮤니티를 한눈에 찾아볼 수 있다. 누구나 참여할 수 있고 장문의 글을 제약 없이 읽어볼 수 있다는 점은 글을 좋아하는 사람의 입장에서 매우 행복한 일이다. 긴 글이 방황하지 않으려면 주제의 일관성과 논리적인 글의 전개가 중심을 잡아줘야 하는데, 게재된 글 중에는 감탄을 자아내게 하는 훌륭한 글이 많다. 올라온 글을 반복해서 읽고 유사한 주제로 따라서 써보면 글을 파악하는 데 확실히 도움이 된다. '아는 것과 안다고 여기는 것'은 전혀 다른 이야기라고 누차 강조하고 있는데, 써봐야 구조와 논리가 내 것이 된다. 이러한 경험을 반복하다 보면 문장에 담긴 저자의 입장(관점)을 보다 깊이 이해할 수 있게 된다. 읽기와 쓰기를 병행한다는 차원에서 보자면 페이스북은 최적의 도구인 셈이다.

인스타그램에 관해서도 이야기해보자. 인스타그램의 특징은 '사진'이다. 사람들이 올려놓은 사진 중 유독 하트가 몰리는 사진들의 공통점은 전달하고자 하는 메시지가 분명한 이미지라는 것이다. 사진을 보는 순간 무엇을 이야기하고 싶은 것인지가 선명한 사진만이 대중의 선택을 받는다. 나는 이미지의 가독성이라는 관점에서 인스타그램을 흥미롭게 이용한다. 흔히 사람들이 말하는 직관이라는 것은 논리적인 설명을 앞질러 튀어나오는 어떤 이미지다. 직관적인 이미지는 매우 강렬해서 뇌리에 선명히 각인되는데, 이때 발산되는 메시지가 분명할수록 끌린다는 느낌을 받게 된다. 그것은 이미지 전체에서 발산되는 메시지와 내 안에 내제된 무의식의 욕구가 서로 통하고 있기 때문이다. 끌리게 만드는 직관적 디자인의 대표적인 예가 책 표지다. 한눈에 시선을 잡아끄는 디자인 이미지와 텍스트가 책의 판매량과 직결되다 보니, 책을 내기 전에 마지막까지 고민하는 부분이 제목과 표지 디자인이다.

인스타그램에 올라온 사진의 선호도만 관찰해보더라도 요즘 세대가 선호하는 트렌드를 파악하는 데 큰 도움이 된다. 인간은 이미지로 사고하고 텍스트로 표현한다. 소설을 읽고 가슴 떨려 하는 당신의 심상을 유심히 들여다보면 그 안에 머무는 것은 텍스트가 아니라 이미지로 존재하고 있음을 알 수 있다. 한 장의 사진이 가지는 파급력은 우리가 생각하는 것보다 강력하다.

인스타그램은 사진이 지배하는 세상이다. 페이스북이나 트위터와 달리 이미지에 대한 의존도가 절대적인 소셜 미디어이다. 이미지의 선호도를 통해 세상과 연결된 코드를 밝혀내는 시도가 가능한 공간이 바로 인스타그램이다. 사물을 통찰하는 능력이란 바로 대중이 선호하는 것의 이면에 감춰진 코드를 밝혀내는 일이다. 이러한 속성을 제대로 알고 활용한다면 인스타그램은 기획, 마케팅과 같은 창의적인 업종에 종사하시는 분들에게 분명 도움되는 놀이터가 될 것이다.

프랑스의 물리학자 아르망 트루소는 말했다.

최악의 과학자는 예술가가 아닌 과학자이며, 최악의 예술가는 과학자가 아닌 예술가이다.

읽기와 쓰기도 마찬가지가 아닐까. 이 두 가지가 별개

의 독립적인 작업이 아니라 상호 통합되었을 때 진정으로 깊은 읽기, 깊은 쓰기가 가능해진다고 본다. 소셜 미디어의 스마트함을 통해 읽기와 쓰기의 결핍된 부분을 보충할 수 있다면 우리의 지적 생활은 더욱 풍성해질 수 있을 것이다.

스마트한 나만의 쓰기 원칙을 정하다

정훈 – 스마트폰을 통한 소셜 미디어의 활용법에 관해서 이야기해보았는데요. 유용하게만 쓰면 읽기와 쓰기를 생활화하는 데 오히려 도움이 될 수도 있으니 각자에게 맞는 방식으로 잘 활용하시길 바랍니다. 그전에 자신이 스마트폰을 얼마나 사용하고 있는지, 또 어떤 정보들에 주로 접근하는지를 스스로 점검해 보는 시간들을 가져보면 좋겠습니다. 실제 저희 직원들을 통해 조사해봤을 때, 각자가 체감하는 사용시간은 하루 1~2시간 정도라고 대답했지만, 실제로는 그것보다 훨씬 긴 3~5시간 정도였습니다. 어쩌면 더 길지도 모르죠. 여러분들은 정신없이 바쁘고 피곤한 하루하루를 보내고 있겠지요. 짬 나는 시간에 들여다보는 스마트폰에서 소소한 즐거움과 위로를 받기도 하고요. 저도 여러분과 다르지 않습니다. 그렇다고 너무 빠지지는 말 았으면 좋겠습니다. 스마트폰에 생각을 빼앗기면 그건 스 마트한 삶이 아니니까요.

참석자 - 선생님의 경우는 나름의 사용규칙 같은 것이 있나 요?

정훈 - 규칙이랄 것까지는 아니지만 큰 틀에서의 원칙은 있 습니다. 첫 번째, 일할 때는 사용하지 않습니다. 업무에 방 해가 되니까요. 가급적이면 알람도 꺼놓고 일을 마친 후에 확인합니다. 두 번째, 소셜 미디어 업데이트와 같은 관리는 정해진 시간을 이용해서 집중적으로 처리합니다. 보통 출 근하자마자 메일을 체크하면서 한번, 점심 먹고 10~20분 정도, 그리고 퇴근 전에 들어가보는 편입니다. 지금은 네트 워크로 하나가 된 세상이 돼서 온라인상의 관계 구축도 비 즈니스를 위해서는 중요한 부분이죠. 세 번째, 강의 중에 말씀드렸다시피 출퇴근길이나 밖으로 이동하는 중에 잠깐 씩 활용합니다. 마지막 원칙이 제일 중요한데요. 집에 가서 는 사용하지 않으려 노력합니다. 집에서 보내는 시간이 짧 아요. 그 시간만큼은 가족들에게 집중해야겠죠. 세상이 정신없이 변합니다. 내 생각과 주관이 없으면 세상의 생각대로 조종당하면서 살게 됩니다. 스마트폰이란 것이 제가 보기에는 양날의 검이에요. 현명하게 잘 사용해야겠습니다.

5장

10권의 책 읽기, 240일간의 자기 혁명이 되다

"조금 느리게 살아도 괜찮아요"

직장을 퇴사하고 불쑥 찾아온 청년, 태한

그를 만난 것은 2015년 초겨울이었다. 지인의 출판기념회에서 처음 알게 된 이후 친분을 쌓게 되었는데, 2016년 2월 회사를 퇴사한 그가 불쑥 나를 찾아왔다. 직장생활 10년을 후회하진 않지만 지금 결단하지 않으면 앞으로의 삶은 평생을 두고 후회할 것 같아 그만뒀다는 그에게 어떤 조언을 해줘야 할지 몰라 난처했던 기억이 있다. 서른다섯에 사표를 던졌으니 보나 마나 집에서는 난리가 났을 것이다. 얘기를 나누다 보니 딱히 갈 곳도 마땅치 않은 듯해서 사무실 책상 하나를 내줬다. 요즘같이 어려운 때에 사표를 내던지고 회사를 나오기란 쉽지 않다. 나는 직장까지 그만두게 한 간절한 그 꿈이 무엇인지 궁금했다.

"뭐 할 거야? 앞으로."

그는 준비된 대답을 꺼내놓듯 머뭇거림 없이 말했다.

"글을 쓰고 싶습니다."

뜻밖의 이야기였다.

"직장생활 10년간 '이건 아닌데'라는 공허함에서 자유로워 본 적이 없습니다. 어렵게 밖으로 나왔으니 정말 제가 하고 싶었던 일을 해야겠지요."

그는 조심스러운 말투로 말을 이어갔다.

"회사생활 10년입니다. 뭐든 제가 도움될 일이 있으리라 생각합니다. 여기서 지내는 동안 무급으로 일하겠습니다. 대표님께서는 책을 낸 경험이 있으시니 저를 좀 도와주시면 안 되겠습니까?"

사실 예상치 못한 부탁이었기에 솔직히 망설여지기는 했다. 그러나 퇴사 이야기를 듣는 동안 마음 한구석에서는 그를 썩 근사한 친구라 생각한 것 같다. 위아래 눈치 보며 살기 바쁜 세상에서 '꿈'을 위해 안정된 생활을 포기하기란 결코 쉬운 일이 아니다. 게다가 쭈뼛거리지 않고 당당히 도움을 청하는 자세가 믿음직스러웠다. 고민은 길지 않았다. 나는 그가 마음에 들었고 돕기로 결정했다.

그런데 이튿날 그가 건넨 원고의 일부를 받아보고는 마음이 납덩이처럼 무겁게 가라앉았다. 내가 기대했던 수

준의 글이 아니었다. 좋아하는 것과 잘하는 것은 난감하게도 별개의 차원이라는 것을 그때 확실히 깨달았다. 그렇다고 지금 와서 단념을 시킬 수도 없는 노릇이 아닌가. 될 것이라는 확신이 서진 않았지만 일단은 글쓰기 훈련을 시켜본 후에 판단키로 했다.

글을 쓰기 위해서는 독서량도 중요하지만 근본적으로 세상을 바라보는 시선이 일반인들과는 달라야 한다. 어른이 된다는 것은 낙엽에 담긴 감정을 읽어내는 시력을 상실해가는 과정일지도 모른다. 미국의 심리학자 윌리엄 제임스는 이렇게 말했다.

내가 무엇을 경험하느냐는 내가 어디에 주목하려 하느냐에 달렸다.

그의 말처럼, 일상의 흔한 소재라 할지라도 평소 관찰하는 연습을 반복하다 보면 이제까지 경험하지 못했던 낯선 세상을 발견하는 독특한 시력이 생긴다. 어린아이를 떠올리면 이해가 쉽다. 아이들은 사물을 몸 전체로 받아들인다. 사물을 대하는 편견 없는 시각이 창의의 원천인 셈이다.

나는 그에게 관찰일지를 쓰도록 시켰다. '바람', '길', '지하철', '봄', '신체 반응', '파도', '개', '아기'를 시작으로 일상의 흔한 소재들을 관찰하여 세밀하게 기록하고 발표하도록 했다. 관찰일지는 말 그대로 관찰을 위한 훈련이었다.

산안개

— 류시화

나에게 길고 긴 머리카락이 있다면 저 산안개처럼 넉넉히 풀어헤쳐 당신을 감싸리라

(시는 관찰의 증류 끝에 맺힌 화학적 창조물이다. 시로 발현된 산안개는 시가 되기 전의 산안개와 다르다)

우리는 지각할 수 있는 모든 공간에서 다양한 정보를 받아들이지만 대부분은 인식의 뒤로 사라진다. 신체 감각을 열어두고 관찰하는 습관을 가지면 익숙한 것들의 낯선 정보들이 점점 감춰진 인식 밖으로 드러난다. 예컨대 자연현상에서 일어나는 '산안개'와 시로 재창조된 '산안개'가

우리에게 전혀 다른 의미로 다가오는 것처럼 말이다. 새로운 시각을 통해 얻은 지식과 정보들이 누적되면 될수록 어휘와 감정 표현력이 증폭되는데, 이는 책을 읽고 쓰는 작업에 도움이 된다. 나는 그의 관찰일지를 확인하면서 수시로 얼굴을 맞대고 이야기를 나누는 시간을 가졌다. 글로 표현한 생각이 말로 정리되지 않으면 제대로 이해했다고 볼 수 없기 때문이다. 이 과정을 반복하면 자연스럽게 말의 조리(條理)가 선다.

작업 초기 그가 긴장된 얼굴을 하고 원고를 가져올 때마다 나는 눈으로 그것을 훑고는 말없이 돌려보냈다. '다시'라는 무언의 '거절'이 있을 때마다 그의 가슴에는 돌덩이가 떨어졌을 것이다. 사무실 한 귀퉁이 책상에 앉아 글을 쓰는 동안 머릿속에 그려졌을 수많은 의심과 불안의 순간을 나 역시 잘 알고 있었다. 거절의 무게를 버틴다는 것은 정말이지 쉽지 않은 일이다. 그럼에도 불구하고 그의 대답은 한결같았다.

"네"

동요하지 않으려는 듯 감정을 다잡고 그는 다시 책상 앞에 앉았다. 원고를 돌려보내는 마음이 나 역시 좋을 수는 없었다. 그저 마음으로 그의 의지가 꺾이지 않기를 바랄 뿐이었다.

그렇게 훌쩍 3개월이라는 시간이 지나고 어느덧 계절이 여름에 성큼 들어섰지만 그는 여전히 고전하고 있었다. 기울어진 해가 비스듬히 깔린 5월의 늦은 오후, 외근을 마치고 돌아온 책상 위에 원고가 놓여 있어서 무심결에 집어들고 읽었다. 그리고 잠시 후, '이거 좋은데'라는 말이 나도 모르게 입안에서 흘러나왔다. 거짓말처럼 하루 사이에 달라진 글을 가지고 온 것이다. 어느 분야든 성장은 점진적이 아니라 단계적으로 일어난다. 어학 능력이 그렇듯 절대량의 시간과 노력이 쌓이다 보면 별안간 성장한 자신을 발견할 때가 있다. 그날이 그에게는 본격적인 글쓰기의 시작을 알리는 신호탄이었다. 이후부터는 원고 진행속도가 빨라졌다. 세 번 중 한 번은 통과가 될 정도로 글에 힘이 붙기 시작했다.

우리는 목차와 기획방향을 세부적으로 정리하고 5월 말부터 본격적인 원고작업에 돌입했다. 글쓰기 훈련의 다음 단계로서 본인이 존경하는 작가의 책을 몇 권 고르도록 한 뒤, 원고가 완성될 때까지 다른 책은 읽지 말고 선정한 책만 반복적으로 읽도록 시켰다. 단기간 내에 글쓰기의 힘을 끌어올리기 위해서는 좋은 문장을 읽고, 필사하기를 반복해서 나의 것으로 만드는 것이 가장 확실한 방법이라고 믿기 때문이었다. 이는 내가 지향하는 소독과도 일맥상통하는 방식이다. 목적에 따라서는 적게 읽고 반복해서 깊이 읽는 것이 양적 독서보다 월등한 효과를 거둘 수도 있다. 실제 우리 뇌는 중요하다 판단하는 정보를 반복적으로 처리하는 과정에서 해당 영역 신경세포끼리의 연결이 강화된다. 즉 뇌가 환경에 맞춰 변한다는 것이다. 이를 전문용어로 뇌의 가소성(plasticity)이라고 하는데, 삶의 다양한 환경과 방식에 따라 뇌의 능력치가 얼마든지 바뀔 수 있다는 뜻이다.

그렇게 여름과 가을을 보내고 2016년 10월 25일 전체 40꼭지에 달하는 원고를 완성했다. 그는 멈추지 않았고, 결국 자신이 목표한 종착점 바로 앞까지 와 있었다. 10월 26일 출판사들을 추리고 추려서 투고했는데 놀랍게도 12곳의 출판사로부터 계약 의향이 있다는 연락을 받았다. 그리고 11월 2일 작가 데뷔치고는 파격적인 조건으로 대형출판사와 정식계약을 하게 되었다. 240일 만에 만년 독자에서 작가로의 변신에 성공한 것이다. 이번에 계약한 책은 2017년 1월에 정식 출판되었다.

그와 보낸 240일은 나에게도 매우 의미 있는 경험이었다. 출판기획자로서 두 번째 책을 세상을 내놓게 된 기쁨도 있지만, 그보다는 인간이 가진 놀라운 잠재력을 확인했다는 데에 더 큰 의미를 두고 싶다. 글은 의지만 있다고 해서 되는 것이 아니다. 그러나 당사자에게 충분한 동기가 있고, 목표에 최적화된 방법을 통해 지속적으로 노력한다면 누구에게나 가능한 영역이기도 하다. 그는 책을 많이 읽어온 친구가 아니었다. 240일간 그가 읽었던 책은 10권도 되지 않았지만, 그 책들을 열 번 스무 번 반복해서 읽었고, 문장을 필사하고 구조를 바꿔보며 응용하는 연습을 했다. 안다고 여겼던 단어들도 하나하나 사전을 찾아가며 정리하는 세심함도 놓치지 않았다. 그는 240일간 소독을 했고, 그 결과는 보다시피 계약서로 보상받았다.

태한아! 계약 축하한다.

떨어진 낙엽에서 바람이 이는 소리를
발견하기까지

240일에 걸친 무모한 도전 끝에 출판 계약에 성공한 그의 이름은 '태한'이다. 그에게는 출판까지의 모든 과정이 낯선 경험일 터여서 계약 당일만큼은 내가 동행했다. 출판사에 도착하자 편집장과 대표가 우리를 맞아주었다. 화기애애한 분위기 속에서 삼십여 분간 책에 관한 세부적인 의견을 조율한 다음 마침내 계약서에 서명했다. '태한'은 상기된 표정으로 서명 란에 자신의 이름 석 자를 적어 넣었다.

그날 하늘은 잔뜩 흐렸지만 그의 얼굴에는 웃음꽃이 피었다. 출판단지는 오랜만이라 그냥 돌아가기 아쉽기도 해서 우리는 인근 카페로 몸을 옮겼다. 그리고 자연스럽게 그와 지난 시간에 대한 인터뷰 아닌 인터뷰를 시작했다.

정훈 – 축하한다. 힘든 일 해냈어.

태한 – 정말, 지금도 잘 실감은 안 나요. 끝까지 믿어주신 대표님 덕분이에요. 믿어주셔서 감사해요.

정훈 – 지금에서야 하는 말이지만 작업하는 동안 많이 힘들었을 텐데 글 쓰는 작업을 하면서 본인은 어떤 점이 가장 힘들었어?

태한 – 하고 싶은 말들이 머릿속에서는 맴도는데 그것을 정확히 표현하지 못할 때인 것 같아요. 그럴 때마다 자괴감이 들면서 정신적인 피로감을 많이 느꼈거든요. '아는 것과 제대로 아는 것', '보는 것과 제대로 보는 것'이 다르다는 것을 글쓰기를 통해서 느꼈어요.

정훈 – 맞아. 그건 정말 중요한 이야기야. 평범함 속에서 비범한 결과를 만들어내는 사람들은 사물에 대한 관찰력이 남달라. 셜록 홈즈의 조수인 왓슨이 홈즈에게 물었지.

"자네의 추리를 듣고 보면 간단해서 나도 할 수 있을 것 같은데 왜 매번 설명을 듣기까지 모르는 걸까?"하고 말이야. 여기에서 홈즈가 한 말이 걸작이야. "자네는 보지만 나는 관찰한다네."

태한 – 정말 가슴에 팍 꽂히는 말이네요.

정훈 – 책이라는 게 나도 몇 권 써봤지만 매번 쉽지가 않아. 쓰고 싶다고 그냥 되는 게 아니라는 걸 알았을 거야. 당시에는 본인 실력이 많이 부족했기 때문에 더욱 냉정하게 평가할 수밖에 없었어. 힘들고 포기하고 싶을 때가 많았을 것 같은데 그럴 땐 어떤 생각으로 버텼어?

태한 – 지금에서야 고백하는데, 두 주 정도 지나면서 '포기할까?' 하는 생각을 처음 했던 것 같아요. 원고는 놔두고 관찰일지를 쓰라고 하셨을 때는 마음에 조급함이 생기더라고요. 갈 길은 먼데 멀리 돌아가는 느낌이었어요. 그게 무슨 도움이 되나 하는 생각도 들었고요.

정훈 – 그랬을 거야. 그래도 겉으로 내색 안 하고 잘 견뎠네.

태한 – 내색하면 안 되죠. 저를 위해 어려운 결정을 해주셨는데요. 포기하고 싶어질 때마다 저 자신에게 질문했습니다. '다시 돌아갈래?' 이 정도도 버티지 못하고 예전의 삶으로 돌아가겠냐는 질문을 떠올리면서 마음을 다잡았습니다.

정훈 – 관찰일지를 쓰면서 느낀 점이 있다면?

태한 – 안다고 여기는 것과 아는 것은 전혀 다른 것이라는 깨달음이었죠.

정훈 – 좀 더 구체적으로 예를 들자면?

태한 – 올해 초 김훈 작가의 《자전거 여행》을 추천해주셔서 읽었는데, 충격이었어요. 뭐랄까 '관찰의 아름다움'을 느꼈어요. 그 후론 의식적으로 사물을 다양한 시선, 다양한 감각으로 읽어내려고 노력했지요. 대표님께서 관찰일지를 쓰게 하신 이유가 그것이었고요. 산책을 하면서도 평범한 것에서 새로움을 발견하는 즐거움을 느끼기도 했죠.

정훈 – 그런 관찰의 경험이 글을 쓰는 작업에 구체적으로 어떤 도움이 됐어?

태한 - 확실히 어휘와 표현력이 좋아진 것 같아요. 예를 들면 '낙엽이 떨어진 거리'라는 문장은 정지된 사진처럼 건조한 느낌으로 다가오잖아요. 그런데 관찰일지를 쓰게 된 이후로 차츰 보이지 않던 현상들의 이면이 드러나는 거예요. 고개를 들어 앙상해진 가지에 시선을 맞추게 되었고, 다가올 겨울을 떠올리거나, 푸르렀던 한여름의 이 거리를 회상하게 되었죠.

이리저리 쓸려가는 낙엽에서 바람이 이는 소리를 보았고, 사라락거리며 허공 속으로 흩어지는 소리도 들었어요. 이런 감각적인 경험들을 노트에 남기는 작업을 반복해가면서 표현력이 풍부해지고 사물을 열린 관점으로 바라볼 수 있게 되었어요. 그런 경험이 원고에도 고스란히 반영된 것 같아요.

정훈 - '바람이 이는 소리를 보았다⋯⋯.' 좋은 표현이네. 맞아 3개월이 지날 즈음부터 네 원고에 이런 감정과 시선들이 보이기 시작했으니까. 글쓰기 작업을 병행하면서 책 읽는 방식을 완전히 바꿨는데, 여러 책을 읽지 말고 정해진 책을 반복해서 열 번 이상씩 읽으라고 주문했을 땐 어땠어?

태한 – 글쓰기를 결심하면서 독서량을 늘려야겠다고 생각했었는데 오히려 읽지 말라고 하시니 처음에는 불안했었어요.

그렇다고 평소에 책을 많이 읽었던 것은 아니에요. 책을 소비했다고 할까요? 불안해서 자꾸만 사게 되는. 그러다 보니 책장에 책은 쌓여가도 제대로 읽은 책이 없었어요. 나중에는 그 책들이 부담되는 거예요. 과거의 저는 읽어야겠다는 생각이 들수록 오히려 읽지 못하게 되는 딜레마에 늘 빠져 있었던 것 같아요.

적게 읽으라고 하셔서 살짝 불안하긴 했지만 부담이 없어져서 한편으론 마음이 가벼웠어요. 소독을 하면서 깨달았죠. 왜 관찰일기를 쓰게 하셨는지. 소독이 곧 관찰이더라고요.

정훈 – 정확히 봤어.

태한 – 같은 책을 천천히 반복해서 읽어보니 읽을 때마다 새롭게 다가오는 것들이 있었어요. 또 안다고 여겨왔던 것들을 사전을 찾아가며 확인하는 과정 속에서 잘못 이해하고 있었던 제 머릿속의 오류들을 무수히 발견할 수 있었고요. 책을 많이 읽는 것이 중요한 게 절대 아니라는 것을 깨달았어요. 가령 '통찰'에 관한 책들이 무수히 나오잖아요. 대표님께서 그렇게 말씀하셨어요. "통찰이란 개념 알지?" 그래서 대답했죠. "네." 그랬더니 이러셨잖아요. "설명해볼래?" 그 말을 듣고 말을 하려고 하는데 설명을 못 하겠는 거예요.

정훈 - 기억나. 그때 내가 이렇게 얘기했지. "아는 것과 안다고 여기는 것은 다르다."

태한 - 맞아요. 제대로 한방 얻어맞은 기분이었어요. 그때부터 책을 대하는 자세를 완전히 달리하게 되었어요.

정훈 - 다독이 나쁘다는 것은 아니야. 그렇지만 빨리 읽어서 놓치는 부분들은 분명히 있어. 바쁠수록 돌아가라고 하잖아. 풍경을 보기 위해서는 차를 타거나 높은 곳을 오르면 돼. 그렇지만 세상이라는 생명의 메커니즘을 이해하기 위해서는 천천히 걷는 편이 낫다는 거지. 산책을 하다 보면 젖은 나뭇잎 아래 움튼 생명의 자국들을 이해할 수 있게 되지. 느리게 읽는다는 건 그런 것 같아. 벌써 시간이 이렇게 됐네. 점심시간인데 나가서 밥 먹고 들어가자. 오늘 점심은 부대찌개로 할까?

태한 – 좋죠!

현재와 미래 사이를 방황하다,
과거의 '나'에게서 답을 찾다

식사를 마친 우리는 차를 타고 사무실로 향했다. 밀린 업무들이 기다리고 있어서 더 이상 여유를 부리고 있을 수 없었다. 운전하면서 잠시 접어두었던 대화가 이어졌다.

^{태한} - 대표님, 이번에 투고하기 전까지 "정말 될까요?"라는 얘기를 여러 번 했었잖아요.

^{정훈} - 그랬지.

^{태한} - 그런데 대표님께서는 한 번도 안 된다는 말을 한 적이 없으시거든요. 어려울 수도 있다는 가정도 하지 않으셨

어요. 정말 계약이 될 것이란 확신을 하셨어요?

정훈 – 어느 정도는 확신이 있었지. 그 이유를 말해줄까?

태한 – 네! 정말 물어보고 싶었어요.

정훈 – 너는 너를 얼마나 안다고 생각해?

태한 – 제가 절 모른다는 게 말이 안 되잖아요. 저야 저를 잘 알죠.

정훈 – 정말 그럴까? 출판기획서를 네가 써왔을 때 내가 처음부터 다시 잡아줬지.

태한 – 네, 그랬어요. 대표님께서 이런 기획서를 보고 연락을 할 출판사는 없을 거라고 하셨어요. 그래도 직장 생활 10년인데 그런 얘길 들으니 괜히 부끄럽더라고요.

정훈 – 솔직히 네 글은 출판이 가능할 정도의 수준인 것이지 훌륭하다 말하기엔 부족한 점이 많아. 앞으로 글을 쓰는 인생을 살겠다고 결심했으니 글이 네 생활의 대부분을 차지할 정도로 부단히 노력해야 할 거야.

^{태한} – 잘 알겠어요. 명심할게요.

^{정훈} – 이번에 계약한 책은 비문학서야. 문장력보다는 콘텐츠가 중요하지. 그래서 출판 전략이 중요했어. 출판기획서는 단순히 내가 누구인지, 어떤 의도로 책을 썼고, 책의 내용이 어떻다는 것만 전달하기 위한 것이 아니야. 이번에 투고했을 때 출판기획서만 읽어보고 연락 온 출판사도 몇 곳 있었지?

^{태한} – 네, 그랬어요. 정말 놀랐어요.

^{정훈} – 출판기획서는 그만큼 중요한 거야. 지난 240일간 나는 너를 관찰했어. 네가 대외적으로 어떤 활동을 해왔는지, 어떤 사회관계망을 맺고 있는지, 성격은 어떤지, 말투는 어떤지, 실천력은 어떤지, 계획성은 어떤지, 인간관계는 어떤지……. 그렇게 해서 뽑아낸 너란 사람의 정보를 바탕으로 기획서를 만들었어.

^{태한} – 좀 쉽게 말씀해주세요.

^{정훈} – 그래 잘 들어봐. 계약이란 것은 나와 상대 간의 합의의 접점을 찾는 작업이야. 둘 다 좋아야 성립하는 것이지. 그렇지?

^{태한} – 그렇죠.

^{정훈} – 그렇다면 출판사 입장에서 가장 원하는 것은 뭘까?

^{태한} – 당연히 책이 잘 팔리는 것이겠지요.

^{정훈} – 맞아. 바로 그거지. 그렇다면 기획서의 방향은 '팔릴까?' 하는 그들의 의심을 해소해주는 방향으로 작성해야 하는 거야. 글의 내용이나 수준도 물론 중요하지만 그건 기본적인 조건이고.

^{태한} – 그렇군요. 이해가 돼요.

^{정훈} – 그렇다면 어떻게 이해시킬 것인가를 고민해야겠지.

그럴 때 가장 유용한 도구가 분석에 의해 도출된 '숫자'야. 너란 사람을 감상적인 글이 아니라 숫자로 어필하는 거지.

태한 – '숫자로 어필한다?' 감이 잘 안 오는데요.

정훈 – 내가 널 관찰했다고 했지. 출판기획서는 관찰의 결과를 토대로 작성되었어. 넌 일주일에 두세 번 강의를 하는데 대상은 고등학생부터 20대 청년층. 8개월간 지켜본 결과 강의 횟수는 한 달 평균 10회. 매 강의마다 청중은 50명 수준이니 네가 한 달에 만나는 학생 수는 대략 500명이고 일 년이면 6,000명이 된다는 얘기야. 넌 일 년에 6,000명에게 네 책을 알릴 수 있는 단단한 시장을 가지고 있는 셈이지. 난 그 점을 출판기획서로 어필했고.

태한 – 맞아요.

정훈 – 강의 경력이 5년 차라고 했지? 그럼 지금까지 네 강의를 들은 학생 수가 적어도 2만 명 이상은 된다는 추론이 가능하잖아. 거기에 올해 초 책 쓰기를 시작하면서 전략적으로 만든 독서모임이 30회를 넘기면서 누적 회원 수가

200명이 됐어. 특히나 그들은 모임에 매우 적극적인 사람들인 데다가 다들 널 좋아해. 이 정보들은 편집장이 관심을 가질만한 내용이지.

우리의 전략은 저자 자신이 책의 판매에 적극적으로 기여하고자 하는 의지가 있을 뿐 아니라 판매량에 기여할 수 있는 구체적인 계획을 가지고 있다는 사실을 납득시킨다는 데 있었어.

태한 – 맞아요. 추상적인 이야기보다 기획서는 전략과 디테일이 중요하다고 하신 말씀을 정확히 이해할 것 같아요. 이야기를 나누다 보니 그동안 스스로에게 너무 자신이 없었다는 생각이 들어요. 그리고 강연에 대한 열정 하나로 악착같이 매달렸던 지난 5년이라는 시간을 잊고 살았어요. 말씀대로 정말 소중한 시간들이었는데, 현재와 미래 사이에서 방황하는 동안 나를 인정하지 않았던 건 정작 나 자신이었던 것 같아요.

정훈 – 그래. 누구에게나 삶은 배움의 터전이야. 과거의 결과가 좋지 못했다고 해서 지난 과정을 송두리째 부정하고 덮어버리려 해서는 안 돼. 240일간 지켜보면서 너의 지난 시간들 중에는 꽤나 근사한 순간들이 많다는 것을 알게 됐어. 바로 그 순간의 기록들이 계약을 이끈 결정적인 '키'였어. 명심해. 너에게 자신을 가져. 그래야 너를 넘고 나아갈 수 있어.

태한 – 잘 알겠습니다!

정훈 – 잘하고 있다. 앞으로도 그럴 거고.

책 읽는 기계, 소독가가 되다

정훈 – 저는 한때 '다독남(男)'이었습니다. 하루 스무 권을 읽어치우는 책 읽는 기계였던 적이 있습니다. 당시에는 책이 진리이자, 인간이 성숙할 수 있는 유일한 길이라 생각했습니다. 저는 다독이 세상을 보는 시야를 확장시켜 남들이 보지 못하는 것을 보게 하리라 믿었습니다. 그러나 기대와는 달리, 양적 독서는 그리 큰 도움이 되지 못했습니다. 조금씩 몸이 지쳐갈수록, 읽어야 한다는 중압감은 쌓여갔고 결국에는 책을 던져버렸습니다. 그로부터 한두 해 동안은 아예 책과 담을 쌓고 살았죠. 그러다 불쑥 마음에서 읽고 싶다는 생각이 이는 책만을 골라 읽었습니다. 그것이 10권을 읽고 1,000권의 효과를 얻는 저만의 독서법의 시작입니다.

저는 이 방식이 다독의 대척점에 있다고 해서 단순하게 '소독(少讀)'이라 정의했습니다.

소독은 사실 기술이 아니라 책을 바라보는 철학입니다. 제가 '10권을 읽고 1,000권의 효과를 얻는 책 읽기'에 '기술'이란 개념을 덧붙인 것은 다분히 전략적인 선택이었습니다. 아마 기술이란 말 대신 '철학'이나 '생각'과 같은 단어가 들어갔다면 하루 2만 5천 명씩 제 블로그를 방문할 만큼 관심을 가졌을까요? '어떻게 볼 것인가'가 무엇을 볼 것인가'를 결정한다고 말씀드렸듯이, 독서법에 '기술'이란 프레임을 씌우면 사람들은 1,000권이라는 결론에 집중합니다. 그러면서 생각하겠죠. '10권으로 어떻게 1,000권의 효과를?'

만약 이 책을 '기술'과 '1,000권'이란 숫자에 혹해서 샀다면 그분은 책을 덮을 즈음 배신감을 느꼈거나, 지금까지 본인 안에 내재되어 있던 책이라는 왜곡된 욕망을 발견했거나, 어쩌면 이 두 가지 당혹스런 감정을 한꺼번에 느꼈을 수도 있겠죠. 죄송한 얘기지만 그런 말은 애초부터 불가능한 연금술과 같은 것입니다. 소독은 단순합니다. 천천히 반복해가며 깊게 읽자는 것이 전부입니다. 그런데 대개 이런 식으로는 잘 읽지 않습니다. 왜일까요?

^{참석자} – 천천히 반복해서 읽는 것이 좋다는 것은 누구도 부정하지 못할 정직한 방법이지만, 그래서 오히려 특별할 게 없다고 생각하는 것 같습니다. 게다가 책 읽는 데 그렇게 여유 부릴 시간도 없고요.

^{정훈} – 옳은 이야기예요. 너무 정직한 방법이어서, 또 시간이 없다는 이유로 자명한 독서의 원리를 우리는 부정합니다. 저는 바로 이 점을 지적하고 싶었어요. 자극적이고 특별한 것에만 관심을 두지 말고, 힘을 뺀 상태에서 읽고 사색할 수 있도록 당신이란 사람을 그냥 던져놔버리라고 말입니다. 누구나 이러한 독서법이 옳다고 하지만 경험하지 못했다면 그건 아는 것이 아니에요. 경험으로 알았다면 받아들였을 테고 모두들 소독을 하고 있겠죠. 이 책을 읽고 계신 여러분께 부탁드리고 싶어요. 한번 해보세요. 책을 경쟁하지 말고 그냥 읽어보세요. 지식이 많다고 해서 반드시 지혜로운 건 아니에요. 또 살아가는 데 반드시 깊고 넓은 지식이 필요한 것도 아니고요.

이제 '10권을 읽고 1,000권의 효과를 얻는 책 읽기 기술'에 대해 간단히 정리하고 마무리하고자 합니다. 책을 양으로 읽던 제게 독서법을 바꾼 이후 삶에 찾아온 변화는

다음과 같습니다.

첫째, 글을 쓰게 되었습니다. 깊은 읽기는 쓰고자 하는 동기로 이어졌습니다. 저는 학창시절부터 글짓기 상장 한 번 받아보지 못할 정도로 글에 대한 재능이 없던 사람이었습니다. 소독을 통한 깊은 읽기를 시작하면서 제 안에서 쓰고 싶다는 동기가 강하게 이는 것을 느꼈고 그때부터 독서노트를 쓰기 시작했습니다.

둘째, 쓰기를 시작한 지 1년 후 책을 내게 되었습니다. 출판시장이 어렵다고는 하지만 매년 1권 이상씩 책을 내고 있습니다. 매일매일 글을 쓰고 기록하는 습관 덕분에 평소 관심을 가지고 써왔던 글을 투고했고 그것이 출판으로 이어지는 경험을 하게 되었습니다. 독서법을 바꾸고 만으로 3년 6개월 만에 다섯 번째 책을 정식 계약했고(17년 3월 25일), 현재 여섯 번째 원고까지 완성된 상태입니다. 몇 년 사이 제 삶 가운데 벌어진 일은 다시 생각해도 얼떨떨한 경험입니다.

셋째, 제 본업인 비즈니스가 성장하기 시작했습니다. 성장의 비결을 묻는다면, '좋은 질문을 발견하는 것'이라 답하고 싶습니다. 깊은 읽기는 반드시 질문을 동반합니다. 그러기 위해서는 느리게 읽어야 하고, 질문을 만나야 하며,

실마리를 좇아 깊이 사색해야 합니다. 저는 소독을 통해 좋은 질문을 발견했고 이를 통해 성장할 수 있었습니다.

　불황과 경제적인 어려움이 닥칠 때마다 우리는 방황하게 됩니다. 이럴 때일수록 어수선하게 방향을 분산할 것이 아니라 오히려 한 길을 정하고 몰입해야 합니다. 그러다 보면 거기서부터 실마리가 보이기 시작합니다. 문제가 열리고 그것을 해결해가는 과정 속에서 새로운 가지가 뻗어나갑니다. 책과는 전혀 관계가 없던 제가 독서법을 바꾸고 3년 6개월 만에 북 에이전시 '책과 강연'을 만들게 될 줄은 저 자신도 몰랐으니까요. 양적 독서의 편견에서 벗어나 적게 읽기 시작하면서 호기심 가득한 관찰의 시선을 가지게 되었습니다. 소독은 곧 관찰의 생활화입니다. 일상에서 보이지 않던 것들이 보이고, 느껴지지 않던 것들을 느끼기 시작하면서 사업적인 아이디어들을 찾아내는 기쁨도 여러 번 경험했죠. 그것이 새로운 비즈니스를 시작할 수 있게 한 힘이 되었습니다.

　그렇다면 과연 10권을 읽고 1,000권의 효과를 얻는 독서법은 어떻게 하는 것일까요?

　첫째, 책을 비워야 합니다. 우리는 바쁜 현대인들입니다. 책 읽을 시간이 사실 그렇게 많지 않습니다. 직장생활,

가게를 꾸리면서 무슨 시간이 있어서 책을 읽겠습니까? 책에 대한 욕심을 버리고 꼭 읽어야 할 책만 읽는 것이 좋습니다.

둘째, 욕심을 버려야 합니다. 한 해 출판되는 책이 5만여 권이 된다고 합니다. 다독은 지극히 주관적인 수치입니다. 어떻게 이 책들을 다 읽겠습니까? 또한 양적 독서가 삶을 변화시킨다는 세간의 논리를 벗어던져야 합니다. 우리 각자는 단 한 사람의 인생을 사는 겁니다. 책이 아니라도 보고 듣고 경험해야 할 것들은 너무나 많습니다. 책은 세상을 알아가는 하나의 길일 뿐입니다. 비우고 가벼워져야 담을 것들이 생기죠. 6개월 이상 손대지 않은 책, 반복해서 여러 번 읽었다 할지라도 더 이상 읽지 않을 책들은 필요한 사람에게 주거나 해서 책장을 늘 가볍게 하시길 권합니다. 단, 책을 1~2장 분량으로 정리해서 파일에 보관해두면 언제든 파일을 열어보는 것으로 책의 핵심을 단시간 내에 파악할 수 있어서 매우 도움이 됩니다.

셋째, 일상에서 낯섦을 발견하는 관찰의 시선을 가져야 합니다. 책이 인간을 성숙시키는 것이 아니라, 책 읽는 인간의 관점이 그 자신을 성숙하게 만드는 것입니다. 고전에 지혜가 있는 것이 아니라 고전을 읽는 인간의 시선이

지혜로울 수 있을 때 책은 비로소 지혜가 됩니다. 지혜의 문은 책이 아니라 인간의 시선에 담겨 있습니다.

넷째, 반복해서 읽으세요. 저희 어머니는 독서에 관해서는 뛰어넘을 수 없는 스승입니다. 책을 많이 읽어서가 아닙니다. 제가 태어나기 전부터 천수경, 금강경을 매일 같이 읽으시는데 햇수로는 40년이 넘었지요. 한번은 제가 물었습니다. "반복해서 매일같이 읽는 이유가 있나요?" 그때 어머니께서 하신 말씀에 경탄했습니다. "읽을 때마다 새로운 것이 책이란다." 적어도 1만 번은 읽었을 법한 책인데 참 대단하죠.

여러분 자신에게 자문해보세요. '나에게는 소중한 책이 있는가?', '지금 머릿속에 떠오른 그 책을 몇 번이나 반복해서 읽어보았는가?' 읽어야 할 책이라면 최소 세 번 이상 읽어보세요. 여러분이 진짜 알아야 할 지혜는 반복하는 과정에서 매번 새롭게 발견될 겁니다.

다섯째, 책을 읽고 여러 사람과 함께 나누면 좋습니다. 책은 결론을 확인하는 것이 아니라 나름의 결론을 만들어 가는 것이니까요. 대화를 통해서 서로의 관점과 생각을 나눌 때 앎은 더욱 깊고 풍성해질 것입니다.

여섯째, 읽기와 쓰기를 함께하세요. 느리게 읽는 습관

이 몸에 익다 보면 자연스럽게 세상과 사물에 대한 호기심이 증폭됩니다. '무엇을', '어떻게', '왜'라는 질문에 들어서게 되면 생각이 예리해지고 깊어집니다. 그러면 생각을 정리할 필요를 느끼게 되고 자발적으로 쓰게 됩니다. 이것이 바로 쓰기로 이어진 길(통로)입니다. 제가 쓰는 독서노트가 바로 그것이고요.

이 외에도 할 말은 참 많습니다만 결국 메시지는 하나죠. 느리게 읽자, 깊이 읽자, 그리고 책 자체를 이제는 좀 즐기자. 자 이제 정말 마지막이네요. 우리는 참 피곤하게 살아갑니다. 그러다가 한 번씩 삶이 휘청거릴 때면 걷잡을 수 없는 불안에 휩싸이기도 하고요. 앞에 저도 지극히 평범한 삶을 살고 있다고 말씀드렸던 것 기억하시나요? 제 삶에서 가장 빠른 시간이 뭔지 아시나요?

참석자 - 글쎄요.

정훈 - 직원들 월급날이요. 저도 그렇게 살아요. 드라마 〈미생〉 아시죠? 거기 보면요, 늦은 밤 귀가하던 남자가 불 꺼진 자기 집 베란다를 올려다보며 이렇게 말을 해요. "행복하긴 한데, 들어가고 싶지 않다." 뭉클하죠? 부양에 대한 부담, 미래에 대한 두려움……. 화면 속의 그 남자가 제 마음을 대변하는 것 같았어요. 그때 그런 생각이 들더라고요. '나만 그런 게 아니었구나.'

아등바등 살아가지만 그것이 우리가 할 수 있는 최선이었잖아요. 아슬아슬하고 불안하긴 해도 지금까지 잘 버텨왔고, 휘청휘청하면서도 변화에 적응하고 조금씩 성장해왔잖아요. 그 정도면 우리 너무 잘해온 거 아닌가요? 저나 여러분 모두 충분히 잘해왔다고 생각합니다. 그러니 자신을 너무 몰아세우지 말았으면 좋겠습니다. 오히려 대견해하고 스스로를 칭찬해줬으면 좋겠어요.

'잘했다, 잘했다. 넌 충분히 괜찮다.' 이렇게요. 우리는 슈퍼맨이 아니잖아요. 너무 잘할 필요 없어요. 조금 부족하고 차라리 조금 불편한 게 나을지도 모릅니다. 이제는 '나'를 좀 놓아주세요. 편안하게 드러누워 책을 읽다가 노곤함 속에 녹아내리는 일상 속의 꿀잠을 되찾아주었으면 좋겠어요. 그런 여유는 오직 나만이 나에게 줄 수 있어요. 과거는 짧고 미래는 길어요. 지금부터 긴 미래를 살아가야 하는데 그 시간 동안 우리에게는 행복해야 할 이유가 너무도 많습니다. 그러니 지금부터 시작하세요.

조금 느리게 살아도 괜찮아요.